JN141433

チンドウィン川紀行

インパール作戦の残像

森田勇造

三和書籍

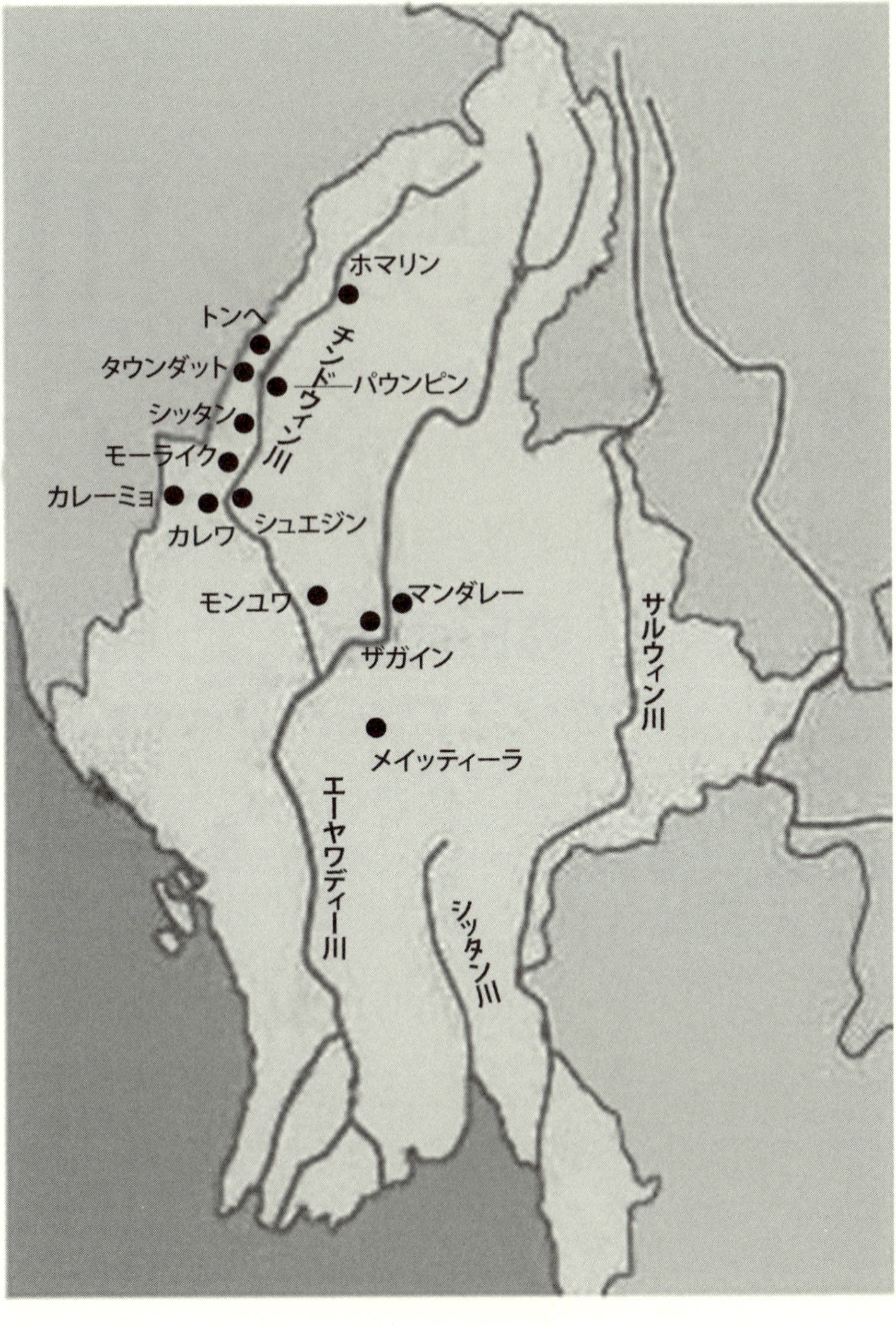
ホマリン
トンヘ
タウンダット
パウンピン
チンドウィン川
シッタン
モーライク
カレーミョ
カレワ
シュエジン
モンユワ
マンダレー
ザガイン
メイッティーラ
エーヤワディー川
サルウィン川
シッタン川

まえがき

中国大陸や東南アジア、そして太平洋全域を巻き込んで、日本が仕掛けた大東亜戦争の末期、今から七十三年前のビルマ（現ミャンマー）戦線において、一九四四年三月から旧日本軍がミャンマー西北地域からインド東部のマニプール州都であるインパールに、侵攻した「インパール作戦」には、約十万もの兵士が投入されました。が、山岳地帯や遠距離など物資輸送の困難による食糧不足や兵器不足、雨季による自然災害など悪条件の下で大変な犠牲を払い、僅か五〜六カ月の間に沢山の将兵が戦病死されました。しかし、その遺体の多くは行方不明で、今もまだ日本へは戻れず、未帰還のままなのです。

ミャンマー西北部を北から南へ千数百キロも流れる大河のチンドウィン川沿いでは、二〜三万もの将兵が戦病死されたそうですが、敗退した日本軍の撤退後、現地に残された死者のその後については、殆ど何も知らされてはいませんでした。

私は、一九七九年一月と、一九九三年十二月の二回、民族踏査のためインド東北部のナガランド州を訪ねました。そこで、インパール作戦で日本兵が戦った現場のコヒマやチザミ、インパールなどを図らずも訪れました（詳細は拙著〝秘境ナガ高地探検記〟をご覧ください）。そして、日本兵の多くが悲惨な状態に追い込まれたことを知って以来、〝インパール作戦〟と呼ばれる日本軍の過酷な戦いに関心が起こり、ビルマ西北部へ行こうとしたのですが、当時のビルマは、政情不安でなかなか入域できませんでした。その後長い間入域できませんでしたが、国名がビルマからミャンマーになり、しかも軍政から民政になって、やっと入域できるようになったのです。

私は、二〇一四年十二月から翌年一月にかけて、大東亜戦争（アメリカ的には太平洋戦争）終結後七十周年を記念して、ミャンマー中央部のマンダレーからモンユワを経て、長く危険地帯とされていたので、入域困難であった西北部の、インドのインパールに最も近いタム、カレーミョ、カレワ、モーライク等の戦跡を訪ねました。

その後、二〇一六年一月には、カレーミョ、カレワ、モーライク、シッタン、パウンピン、ホマリンそしてタム等を車で訪れ、帰らざる多くの将兵たちへの思いが一層募ったのです。

今も多くの日本の将兵が眠るミャンマーは多民族国家で、ビルマ族、シャン族、モン族、カレン族、カチン族、チン族など、沢山の民族が住んでいますが、主な民族はビルマ族とシャン族です。そのビルマ族は、日本とは少々違う仏教の小乗仏教徒で、人は死んでは生まれ変わると言う輪廻転生を信じ、死体や遺骨は汚物でしかなく、川や池に捨てるか、荼毘に付して捨てるか、ゴミとして地下に埋めますので、墓を作るようなことはしません。そのため、旧日本軍将兵の遺体や遺骨の多くは、チンドウィン川に流されたとされています。

ミャンマー（当時はビルマと呼ばれていました）は、ビルマ族を中心とするビルマ王国を建国していましたが、その首都であったマンダレーが、一八八五年にイギリスに占領され、一八八六年にはビルマ全土がイギリスの植民地となりました。そして、支配民族であったビルマ族は、他の民族よりもイギリスから冷遇されるようになっていましたので、不満が多く絶えず抵抗していたのです。

その後、一九四二年に日本軍がミャンマーに進駐し、日本で教育されて帰国していたアウンサン（今日のアウンサン、スーチーさんの父親）らが率いるビルマ独立義勇軍が、植民地国イギリスに対して日本軍と共に戦い、イギリス軍をインドに駆逐して、長年の支配から脱出することができました。そして、一九四三年八月には日本軍の支援の下、バー・モー博士を元首とするビルマ国が建国されたのです。

しかし、日本軍は、インド東部のインパールに駐屯するイギリス軍を、ビルマ防衛とインド解放の名目で攻略した「インパール作戦」に失敗しました。そして、ビルマ国を支えていた日本軍の敗色が濃くなった一九四五年三月には、ビルマ国民軍はイギリス側に寝返って、日本軍と戦うことになったのです。イギリス側についたビルマ軍は日本軍に勝利はしましたが、イギリスはビルマの独立を許さず、戦後は再び植民地としたのです。

ビルマ族の人々は嘆き悲しみましたが、日本軍の支援で一度独立することができていましたので、日本軍の指導を受けていたアウンサンやネ・ウインらを中心に独立運動を続けたのです。そして、やっとのことでイギリスから独立の道筋をつけたアウンサン将軍（その後建国の父となる）は、一九四七年七月に暗殺されました。が、その翌年の一九四八年一月に、ビルマ族を中心とするビルマ連邦国として独立することができたのです。その後、他民族の叛乱や内乱、政変などがありましたが、独立を守り続け、一九八九年六月に国名をビルマからミャンマーへ変更したのです。

そんな経過もあり、今日のミャンマー国軍は、日本軍の指導を受けて誕生したビルマ独立義勇軍が基盤になっていることもあって日本色が強く、ミヤンマーのビルマ族の人々は、今も対日感情はよいのですが、同じ仏教徒でも、原初的仏教とされる小乗仏教と、日本に普及している後発の大乗仏教とでは、人間の死に対する考え方が違うので、日本兵の遺体を何のわだかまりもなく、自然に川に流したのです。

ここで言うミヤンマーの小乗仏教とは、自分自身の悟りや救済のために出家した出家者、僧を中心に考える狭い範囲なので、小さな乗り物と称される分派仏教のことなのです。

日本に普及している大乗仏教は、その出家者中心の分派仏教を批判、反発して紀元前後に勃興した、他の人々の悟りや救済までをも任務とする、出家者のみならず、在家の人々おも共に救済し、多くの衆生を乗せるので、大きな乗り物とされているのだそうです。

私の父は既に結婚して三人の子供がいましたが、昭和十二年に召集され、日支事変（日中戦争）で中国大陸の山東省に上陸し、二年後の十四年の夏に香港を経由して無事に帰国していました。そして、私が昭和十五年六月に生まれたのです。

戦中生まれの私は、五歳のとき、海岸で日の丸の小旗を力いっぱい振り、「万歳、万歳」と叫びながら、煙をたなびかせて豊後水道を太平洋に向かって去って行く、大きな軍艦を見送ったこと、幼い頃に見た兵隊さんをかすかに覚えています。

四国西南部の国土防衛隊として、我が家近くにも二～三十名の兵隊さんがいました。兵隊さんたちは、私に鉄砲を持たせてくれ、ハーモニカを吹いてくれ、歌を歌ってくれ、いろいろな話をしてくれました。そして、山を越える近道の通学路に掘られた横穴式の豪の中にも連れて行ってくれました。

ある日突然に、その兵隊さんたちがいなくなったのです（私は終戦のことはよく知りませんでした）。

チンドウィン川

兵隊さんたちがいなくなった不安と淋しさがしばらく続き、誰もいない通学路にあった壕の、ぽっかり空いた暗い入口が、怖くて仕方なかったのです。幼い私にとっての兵隊さんは、私を守ってくれる、やさしくて面白い人たちだったのです。

その兵隊さんたちと同じ日本の兵隊さんたちが、ミャンマー西北部で沢山戦病死していたのです。ナガランド訪問以来の長い間、私の胸にうずくまってくすぶり続けていた感情が、戦後70年を期して燃え上がり、いたたまれなくなってのミャンマー訪問でした。そして、帰らざる将兵たちに感謝と慰霊の誠を捧げようと思い、多くの遺骨の破片が砂や礫となって沈殿しているチンドウィン川を遡上する、船旅に出かけることにしたのです。

早速、二〇一六年六月二十一日に東京都品川区にあるミャンマー連邦共和国大使館を訪れ、前もってアポイントしていた、トウレイ　タン　ジン大使にお会いして、チンドウィン川慰霊旅行の船旅を説明し、大使の協力を得てミヤンマー西北部探訪の許可願書を提出することができました。

そして、知人のＮＨＫエンタープライスプロデューサーである新山賢治さんに、その旨を伝え、彼の伯父さんもインパール作戦に参加して亡くなられていましたので、同行取材のお願いをしました。

最初の出発予定は、乾季に入って川の水が少なくなって間もない十一月二十四日だったのです。しかし、何度も大使館に連絡して待ちかねていたのですが、なんと許可が下りたのは十一月十七日と遅かったので、旅行手配を頼んでいましたエーペックスインターナショナルの旅行会社が、手筈がつかないとのことで遅れ、十二月十一日深夜の出発になったのです。

※なお、このチンドウィン川紀行の一部は「インパール慰霊と和解の旅路」として、二〇一七年（平成二十九年）十二月三十日午後十一時十分からＮＨＫワールドで全世界に放送され、二〇一八年（平成三十年）四月四日午後九時からと、八月十三日午後一時からの二回、ＮＨＫＢＳ１で全国放送されました。

目次

4 シッタンとヘローの村——63

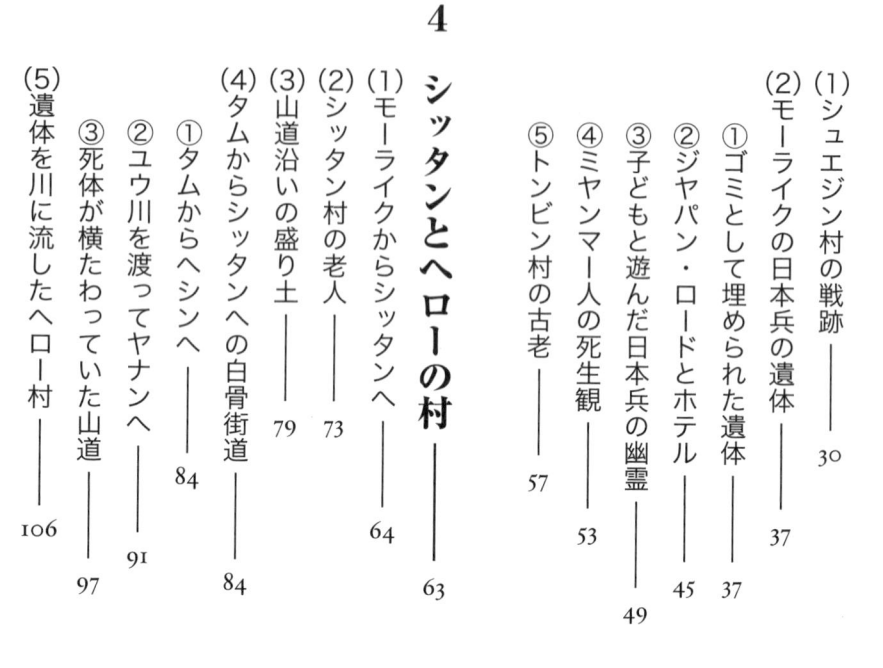

1 チンドウィン川沿いのモンユワ

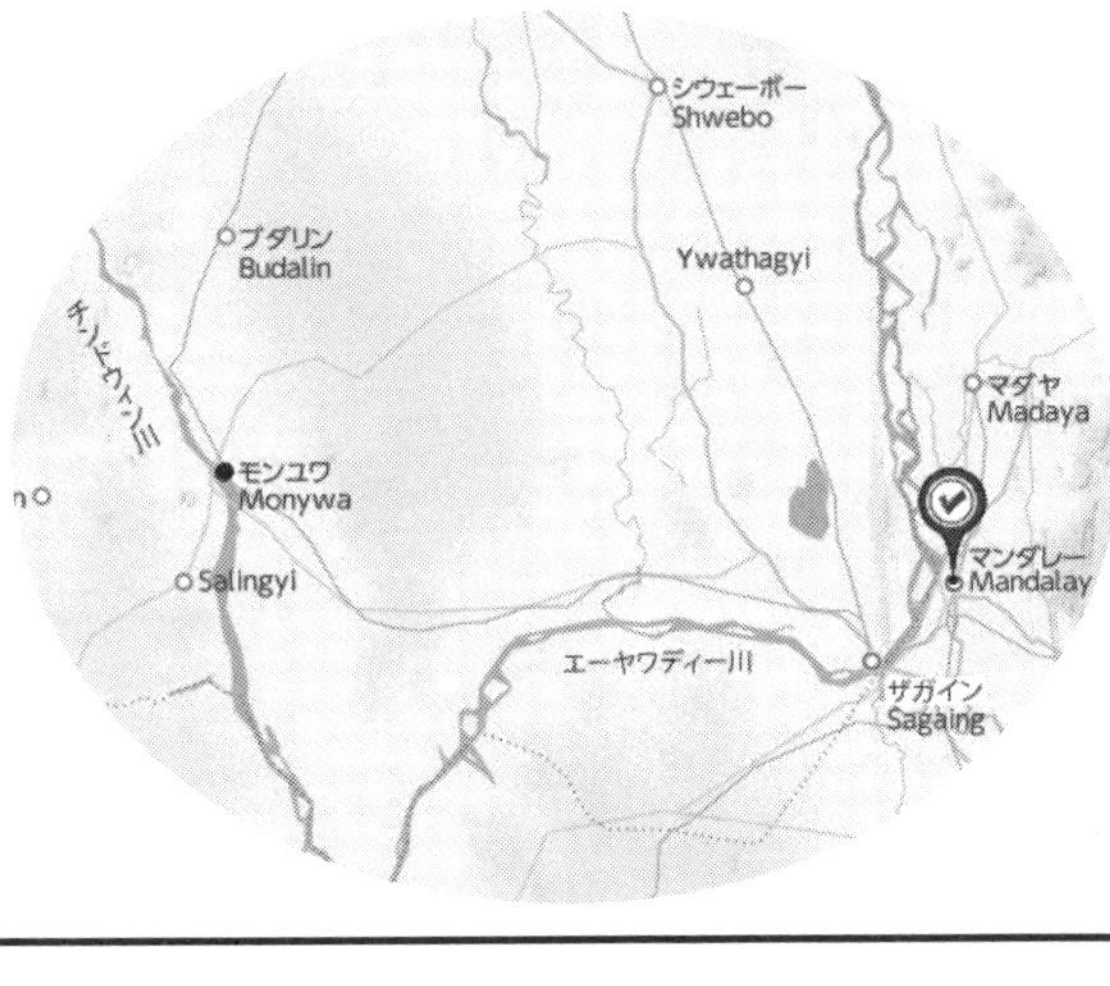

(1)古都マンダレー

二〇一六（平成二八）年十二月十一日の深夜、タイ航空機で羽田を発って十二日の早朝、東の空に赤く映える太陽を眺めながらタイ国の首都、バンコックの空港に降り立ちました。そしてしばらく時間待ちをしてバンコック航空機に乗り換え、ミヤンマー中央部の大平原にあるマンダレー空港には、現地時間の午後一時に着いたのです。日本との時差は二時間半。日本では寒くて摂氏十度くらいでしたが、現地では二十度と少々暖かい。

空港内で現地通貨のチャット（十円≒一〇〇チャット）へ交換に少々時間を要しましたが、入国や入関の手続きは簡単で何の支障もなくロビーに出られました。空港に迎えに来ていたモンさんが手を振ってにこやかに迎えてくれました。彼女はこの一月に、ミヤンマー西北部の車での旅に二週間同行した日本語通訳です。

ネイ・ザー・モンさんは、身長百六十五センチで、ロンジーと呼ばれる布を腰に巻いて、お尻の線が美しく、スタイルが良い。長い黒髪を両側に垂らした顔は日本人と見まがうようで、目鼻立ちもよく、なかなかの美人です。

彼女は、ヤンゴンから三百二十キロも南のモオーラシャイ市の出身。高校一年生からヤンゴン近くのバコーに住み、バコーの僧院にある第一外国語学校で日本語を習い始め、バコー大学に通いながらも習い続け、バコー大学を卒業すると同時に、ヤンゴンのミヤンマーエーペック旅行会社に勤め始めたので

旅行仲間4人とモンさん

す。まだ二十六才と若いのですが、優しそうで、なかなか気の強いミヤンマー人です。私は、前回の旅で、彼女の同意を得て〝モンさん〟と呼ぶことにしています。

私たちは、彼女の手配で、日本製の車を走らせて市内のニュー・スターホテルに向かいました。

私は、いつも民族踏査で一人旅なのですが、今回は三人の同行者がいます。一人はNHKエンタープライスの新山プロデューサー、それに新田カメラマン、そしてもう一人は、私に同行する若い田中君です。モンさんに三人を紹介し、前回とは違った取材を兼ねた旅であることを伝え、しっかり通訳してくれるように頼みました。

マンダレーは、ミヤンマー中央部を北の中国との国境地帯の山々から流れ出て、南のインド洋まで約二千キロも流れる、ミヤンマーで最も長い巨大なエーヤワディー川南沿いにある町です。その南に広がる平原の中にある空港から市内までは約四十五キロ。舗装された近代的な道ですが、車で約一時間を要しました。ホテルに着いてすぐにチエックインをし、一時間ほど休息。そして、モンさんの案内で、ホテル近くのマンダレーで最も大きなゼーヂョーマーケットを見物したのです。

私は、マンダレーには五度目ですが、他の三人は初めてな

屋外市場（ゼーヂョーマケット）

ので、日本とは違う屋外市場の活気ある雰囲気に魅せられていました。熱帯の果物や野菜、魚や肉、雑貨など、何でも木の台の上や路面に直に並べて売っているし、夕方は人の出も多い。それに、ビルマ族、シャン族、カチン族、インド系、中国系、バングラデシュ系など、多民族の顔や衣装があふれていますので、日本人にとっては珍しいことが多く、異國情緒や雑多な雰囲気に浸り、異文化と未知への旅心をくすぐられるのです。

このようなオープンマーケットは、一般的にあまり衛生的ではないのですが、そんなことよりも町の心臓部の鼓動が感じられ、人間本来の生き様としての、食の原風景の活気にのまれ、時の経つのを忘れがちになっていました。しかし、一時間半もするとうす暗くなり、ホテルに戻りました。

ここで東南アジア西端のミヤンマー（ビルマ）にまで攻め込んだ、日本的名称の大東亜戦争の経過と、マンダレーについて少し説明しておきます。

日本人が大東亜戦争（日本的にはアメリカとの戦いだけではないので、太平洋戦争との呼称ではない）と呼んだ東アジア全般における戦争は、一九三七（昭和十二）年七月七日に始まった日中戦争（盧溝橋事件を契機とした日支事変）が発端です。そして、一九四五年九月二日までの八年間も続いたのです。

日本は、首都を南京から重慶に移した蔣介石が率いる中国国民党との戦いを、中国南部にまで拡大し、南京や香港、広東までも侵略しました。そして、一九四〇年六月に、ヨーロッパ大陸におけるドイツ軍のパリ占領によって、フランスの植民地インドシナ半島のベトナム、ラオス、カンボジアが領主国を失い、弱体化したことによって、同年九月に日本軍が進出し、統治するようになりました。

その後の日本は、一九四一年十二月八日にアメリカとの開戦によって、太平洋全域でも戦争することになったのです。

一九四二年一月には、日本軍がインドシナ半島からタイ国を経て、イギリスの植民地であったビルマ（ミヤンマー）南部に侵入し、やがて首都であったラングーン、現ヤンゴンを三月には支配下に置きました。

そんな折、アメリカ、イギリスは蔣介石の重慶軍と組んで、日本軍に対抗していました。その重慶軍は、イギリス、アメリカと協力して、ビルマ北部のラーショから雲南省昆明に通じる物資輸送用のビルマ公路を守るため、ビルマ北部や中央部のマンダレーまで南下していたのです。

日本軍は、ビルマ独立義勇軍の協力も得て、一九四二年四月にはマンダレー付近に進出し、蔣介石率いる重慶軍と戦い、五月初めにはマンダレーを占領し、やがてビルマ全土をイギリスから解放しました。

王宮の掘と城壁

マンダレーは、ビルマ族最後の王朝のミンドン王によって、一八五一年に建設された王宮のある古都です。王宮の敷地は一辺が二キロメートルもある正方形で、高さ八メートルの赤いレンガ造りの厚い壁に囲まれています。その壁の外には水を湛えた幅七十メートルもの大きな堀がめぐらされ、東西南北の四か所だけに橋があります。

一八二四年当時は、イギリスが東インドからビルマを侵略しており、まず南にラングーンを建設し、植民地にした後、徐々に北へ侵攻し、一八八五年にはマンダレーも占領され、ついにビルマ王朝は滅びました。そして、一八八六年にはイギリスの植民地となり、王宮はイギリス軍の施設となったのです。

その後一九四二年五月には日本軍がイギリス軍を追い出してマンダレーを占領し、王宮は、日本軍の司令部となったのです。しかし、英米支連合軍との戦いに劣勢になった一九四五年三月には、チークの木材中心にできていた王宮の建物は、イギリス空軍機の爆撃に

再建されたマンダレー王宮

よって焼失してしまい、残ったのは城壁だけになったのです。

一九四八年一月のミヤンマー独立後は、国軍の施設として利用され、一九九〇年末には王宮の建物が再建されました。

マンダレーにはイギリスと共にやって来たインド系のヒンズー教徒や、中国系の道教的な華僑、そして、バングラデシュ系のイスラム教徒、それにイギリスによって布教されたキリスト教徒のシャン族、カチン族、仏教徒のビルマ族などがいますので、多民族、多宗教、多文化の人口百万を超す、ミヤンマー第二の大都会が今日のマンダレーなのです。

(2)ザガインヒルの白いパコダ

翌十三日の朝、ホテルのロビーで、新山さん付きの現地のコーディネイタ兼通訳のチョー・ミエッウーさんが紹介されました。少し額がはげ上がった中年のお

ザガインヒル

じさんのような、五十歳の中肉中背の彼は、日本に3年滞在したことがあり、これまでにも日本のマスコミと共にミャンマー中を旅したことがあるそうで、日本語が上手で対応が早いし、なかなかの物知りです。彼はヤンゴンに住んでいますが、主に日本の会社やマスコミを相手に通訳やガイドをしているそうです。彼を〝チョーさん〟と呼ぶことにしました。これで、今回のチンドウィン川を上る船旅の全員が揃いました。

午前八時に、チャーターしたトヨタのハイエースで出発。七～八キロ進んだインワ鉄橋の手前にある寺の境内から、エーヤワディー川の対面にあるザガインヒルに立ち並ぶパコダ（仏塔）群を一時間近くもかけて撮影しました。その後、ザガインヒルに車で上がり、尾根にある旧日本兵の慰霊碑や台座に戦没者名が列記された白い大きなジャパンパコダを訪れたのです。

そこには、「日本パコダ建立の由来」として、

日本パコダ

次のように説明されていました。

〝第二次世界大戦に於いて祖国日本の護りとして派遣された若き戦士たちが、愛国の至誠に燃えてこの地、ビルマに戦いましたが、戦時に利あらず、国と家郷の弥栄を願いながら、この山河の中に屍を横たえてゆきました。戦後三十年を経てこの地を訪れた生還者たちが、野をこえ山をこえて喚び交わせ、亡き戦友たちの望郷と愛国の願いの声を、耳底にはっきりと聴きました。

その純粋な願いを更に耳を澄ませて聞き、其の徳を讃えるために塔の建立を決意し、三年の工期を経て、昭和五十一年一月、一應の落成を見ました。

是の工事を担当したのは、烈第百三十八聯隊の生存者たちでありました。然し、英霊は一つであり、百三十八聯隊の者は全英霊に捧げる塔と考えている。

塔はもとより佛舎利を安置するものであります。

戦友たちの心の佛蛇にまで昇華されんことを願いつつこの小碑を建てます。

一九七六年春　烈第百三十八聯隊

戦友　一同

遺族　〃　〃

今から四十一年も前に、生き残った日本兵たちが、亡き戦友を偲んで立派なパコダを建立していました。其の台座には数千人の戦没者名が記されています。なお、パコダの前には、その後の一九八一年三月三日にパコダ礼拝堂が建立されており、その記念碑もありました。

礼拝堂の前は広場になっており、その東側の片隅に、鯨烈山砲戦友会の白い四角形の慰霊碑が建立されていました。その一面には、奉納として、愛媛県、香川県、高知県、徳島県、他関係都道府県、ビルマ遺族会有志とあります。

広場の北の尾根についた道沿いには、高さ一メートルくらいの白い壁に区切られた、長さ五十メートル、幅十数メートルの日本人墓地があります。その中には七個の慰霊碑や鎮魂の碑があり、きれいに整地されていました。

ザガインヒルの日本パゴダ横の、緑の多いザガインの大平原を一望する見晴らしの良い所にある、高さ一メートル、横五十センチメートルほどの大理石の碑には、次のように記されています。

〝戦友の温き血を持つ石の碑に、戦友弔らはん生ける証しに〟

多くの未帰還兵がいるミャンマー西北部の慰霊旅行の最初の地ザガインで、多くの慰霊碑や墓碑に参

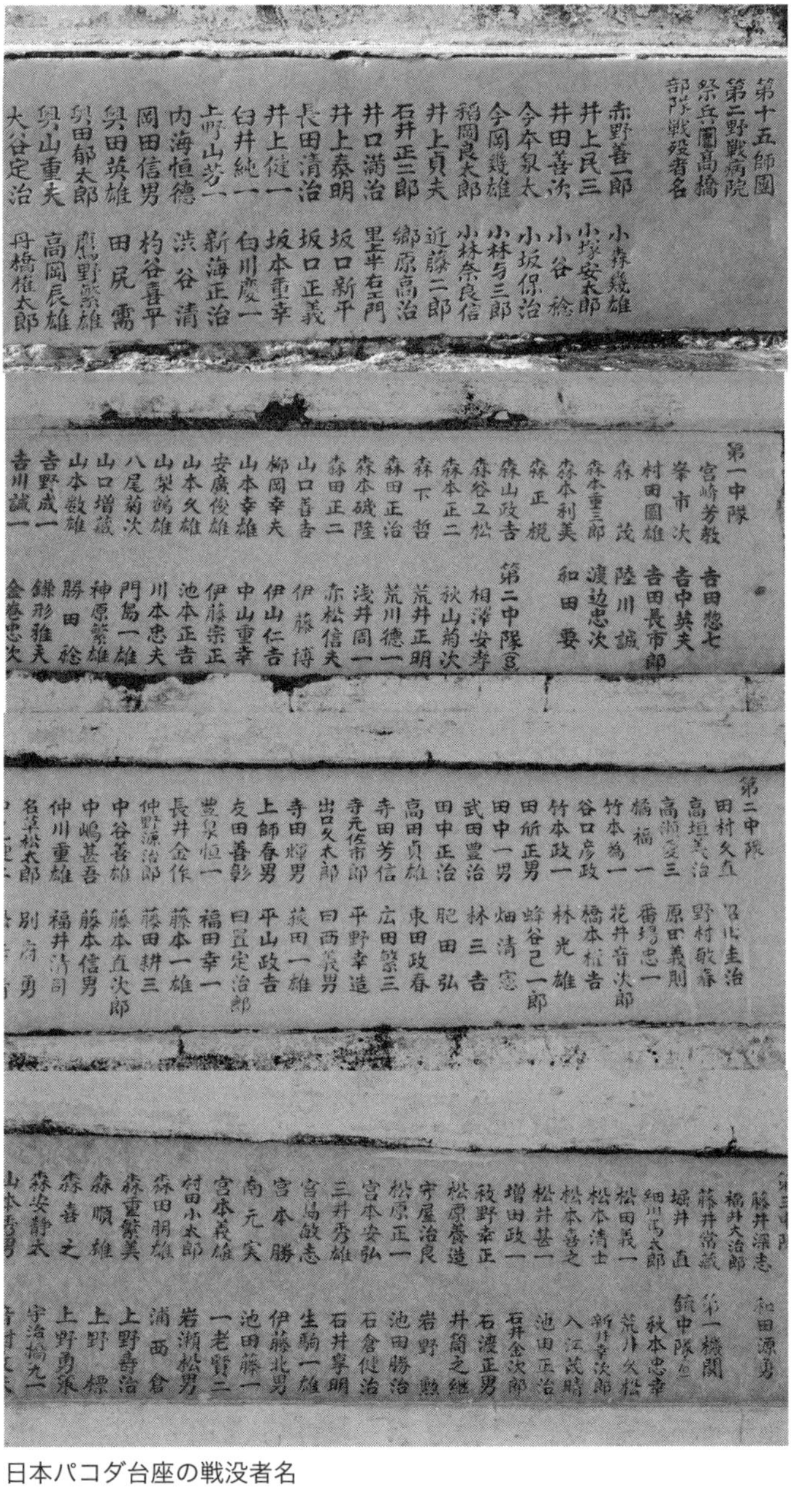

日本パコダ台座の戦没者名

ることができました。

ザガインの街で早めの昼食をとり、モンユワに向かって、灌木の疎林や田畑が続く大平原の道に車を走らせました。マンダレーから西へ約百六十キロのモンユワには午後3時前に着いたのです。

(3)モンユワの日本人墓地

ミヤンマー西北部を北から南に流れるチンドウィン川は、北の山々から流れ出し、フーコン谷地を経て、印緬国境の東部に沿って南流する、全長千数百キロもある大きな川です。チンドウィンとは、ビルマ族にとって〝チン族との間を流れる川〟と言う意味のビルマ語です。そのチンドウィン川は、モンユワから約百キロ南、マンダレーからは約百五十キロ南のミンギャン付近で、ミヤンマーで最も大きくて長い本流のエーヤワディー川に合流しています。

ここモンユワの〝モン〟は、お菓子やご飯のことで、〝ユワ〟とは村や休息地を意味するそうなので、モンユワはチンドウィン川沿いの〝ご飯やお菓子を食べて休息する場所〟であったのです。この地名からも分かるようにモンユワは、インドのインパール方面からの物資が、上流から川船でこの地に集められて、国内の各地に送られる中継地でした。

チンドウィン川沿いのモンユワは、古くからインド東部のマニプール王国などとの交易の中継地として栄えた古い町だそうで、ビルマ戦線当時には、西北部地域攻略の拠点の一つとして、日本軍も駐屯していたのです。

日本人墓地

モンユワ中心部のアウンサン将軍（アウンサン・スーチーさんの父親）の銅像があるロータリから、三～四キロ町はずれに旧日本軍の戦病死者を弔った日本人墓地があります。以前訪れた時よりも立ち木は切られて少なくなっていますが、草は生い茂っていました。この墓地には、昭和五十三年から五十五年までの三年間に建立された六基の墓碑があります。

最初の慰霊碑には、〝水上勤務第38中隊〟とあります。次は〝鎮魂〟と記され、その下には〝33師団215聯隊一中隊一同〟とあり、〝鎮心安魂魄　昭和五十五年八月十五日建之〟と明記されています。

三番目の縦長の碑は、大きな文字で〝殉國勇士之碑〟と記されています。四番目の碑には、大きな文字で、〝慰霊〟と記され、その下に〝昭和五十四年十二月八日建之〟とあるのです。

私たちは、それぞれの碑の前で、新山さん持参の香りのよい線香にライターで火をつけ、皆で焼香し、手を合わせて哀悼の意を捧げました。

戦後七十一年も過ぎ、ミヤンマー中央部のやや西にある、このモンユワ日本人墓地に関することは、かつての日本兵の孫の世代である今日に於いては、ほとんど何も知らないし、知らされてもいません。そのことを象徴するかのように、科学的文明の結果的公害でもある、放置された多量のビニールゴミに囲まれ、刺のある灌木や雑草が茂り、忘れられた遺物のごとく、ひっそりかんとしていました。

その墓地近くの林の中に、小中高校生の何とも素朴な進学用私塾がありました。私たちはそこを訪れ、経営者兼校長の女性、トー・ツーザー（四十一歳）さんと話すことができたのです。

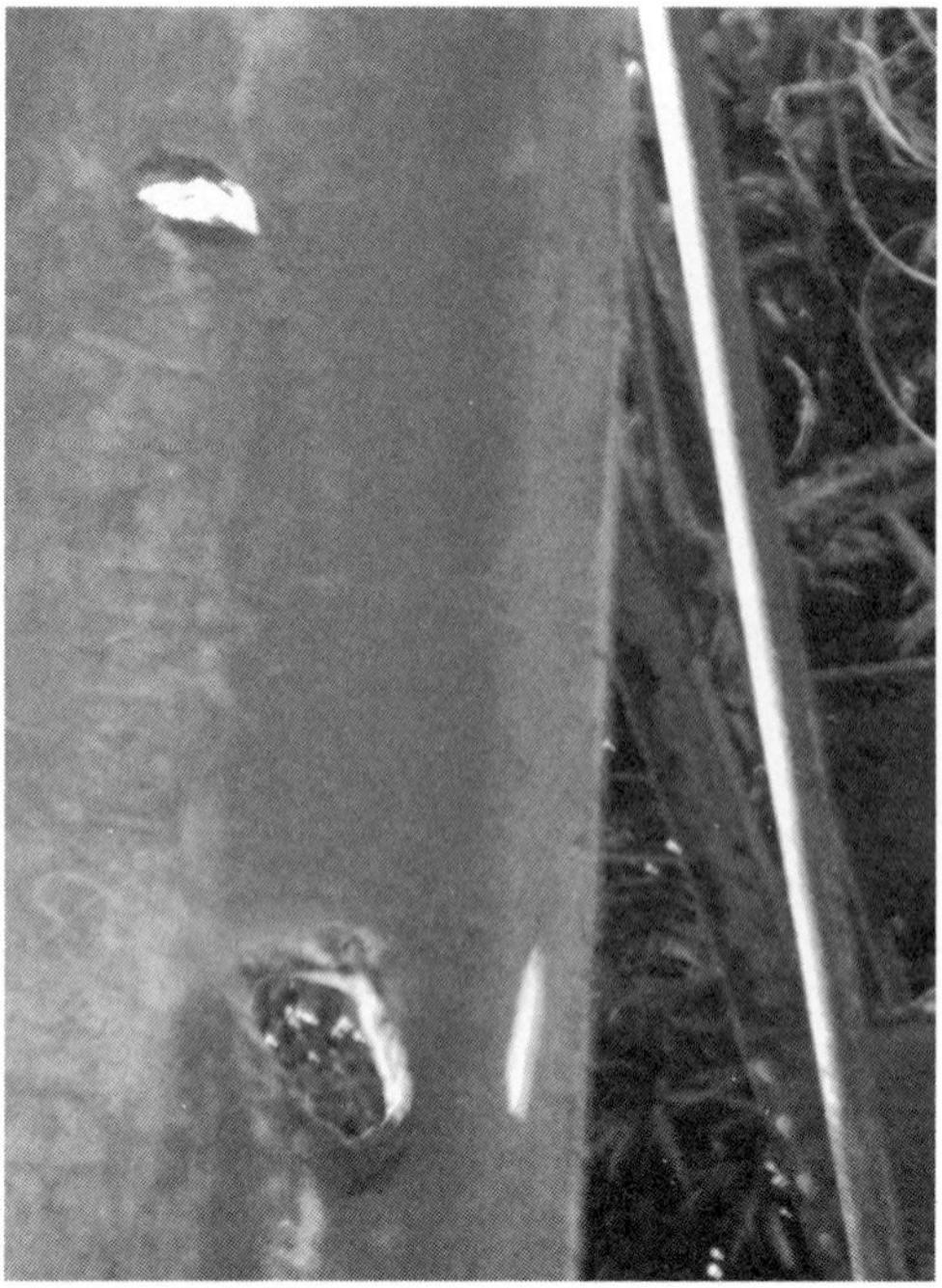
鉄塔の銃弾跡

彼女の祖父、ウー・チエウ（十年程前に八十歳で死亡）さんから、彼女が若い頃聞いたことによりますと、日本人墓地から二百メートルほど離れたところに、百年ほど前にイギリスが建設した、水道タンクを乗せた鉄塔があり、日本軍はその近くに駐屯して、高さ十数メートルの鉄塔を見張り台にしていたそうです。インパール作戦末期の一九四四年八月頃、イギリス空軍の〝真珠の兄弟〟と呼ばれる飛行機二機の襲来で何度も爆撃され、日本兵が何人も死亡しましたが、その兵士を埋めた場所が、今の日本人墓地になっている所なのだそうです。

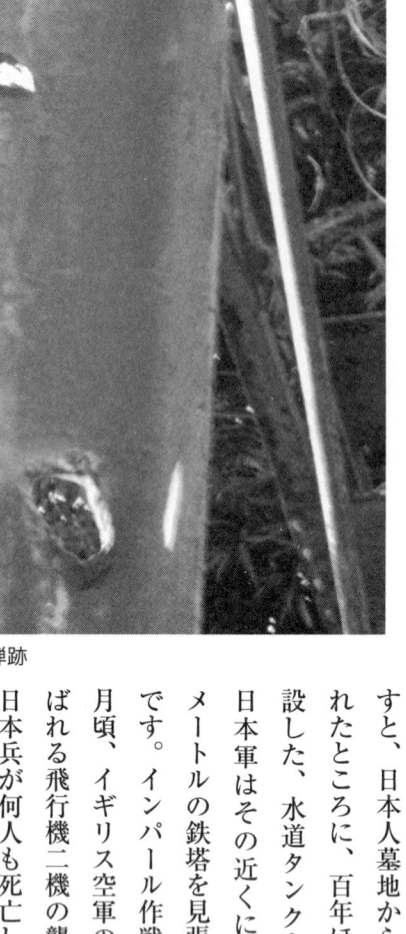

私たちは、早速その水道タンクの鉄塔を見に行きました。中心街の方に二〇〇メートルほど戻った道沿いに、今もまだ使用されている水道塔が二台ありました。百年近くも前に建設された鉄塔は、褐色のペンキで塗られて一見新しく、今もまだしっかりと立っています。貯水用タンクを支える鉄柱は、厚さが一センチメートルもあるのに、飛行機から銃撃された銃弾の跡の穴が、いたる所に開いていました。見るからに頑丈そうな鉄板に、貫通した穴が開くには大変な威力、破壊力が必要です。機銃射撃を受けた当時の日本軍の惨状が思いやられる痕跡です。

今は周囲に家が建っていますが、当時は平原の疎林地帯で、日本軍は、この辺一帯に駐屯していたと言われています。そして、インパール作戦末期にイギリス空軍の飛行機に激しく爆撃され、多くの兵士が亡くなられたそうですが、その兵士たちの埋葬地を知っていたであろう、日本に生きて帰還できた戦友たちが、今から三十八年も前にこの地にやって来て墓碑を建立し、〝モンユワ日本人墓地〟としていたのです。

2 二日目の船旅

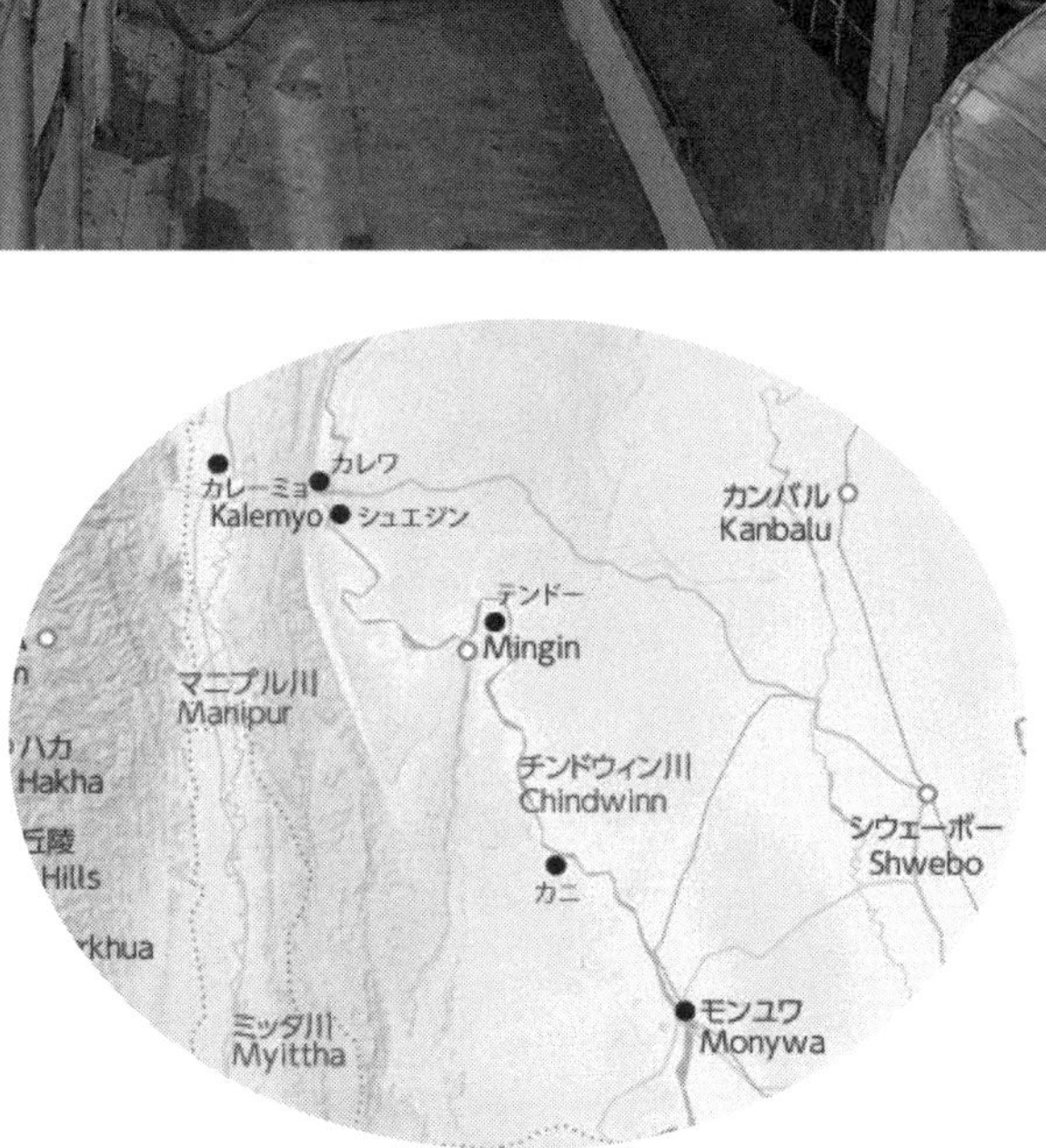
カレーミョ
カレワ
Kalemyo
シュエジン
カンバル
Kanbalu
テンドー
Mingin
マニプル川
Manipur
ハカ
Hakha
丘陵
Hills
チンドウィン川
Chindwinn
シウェーボー
Shwebo
カニ
モンユワ
Monywa
ミッタ川
Myittha

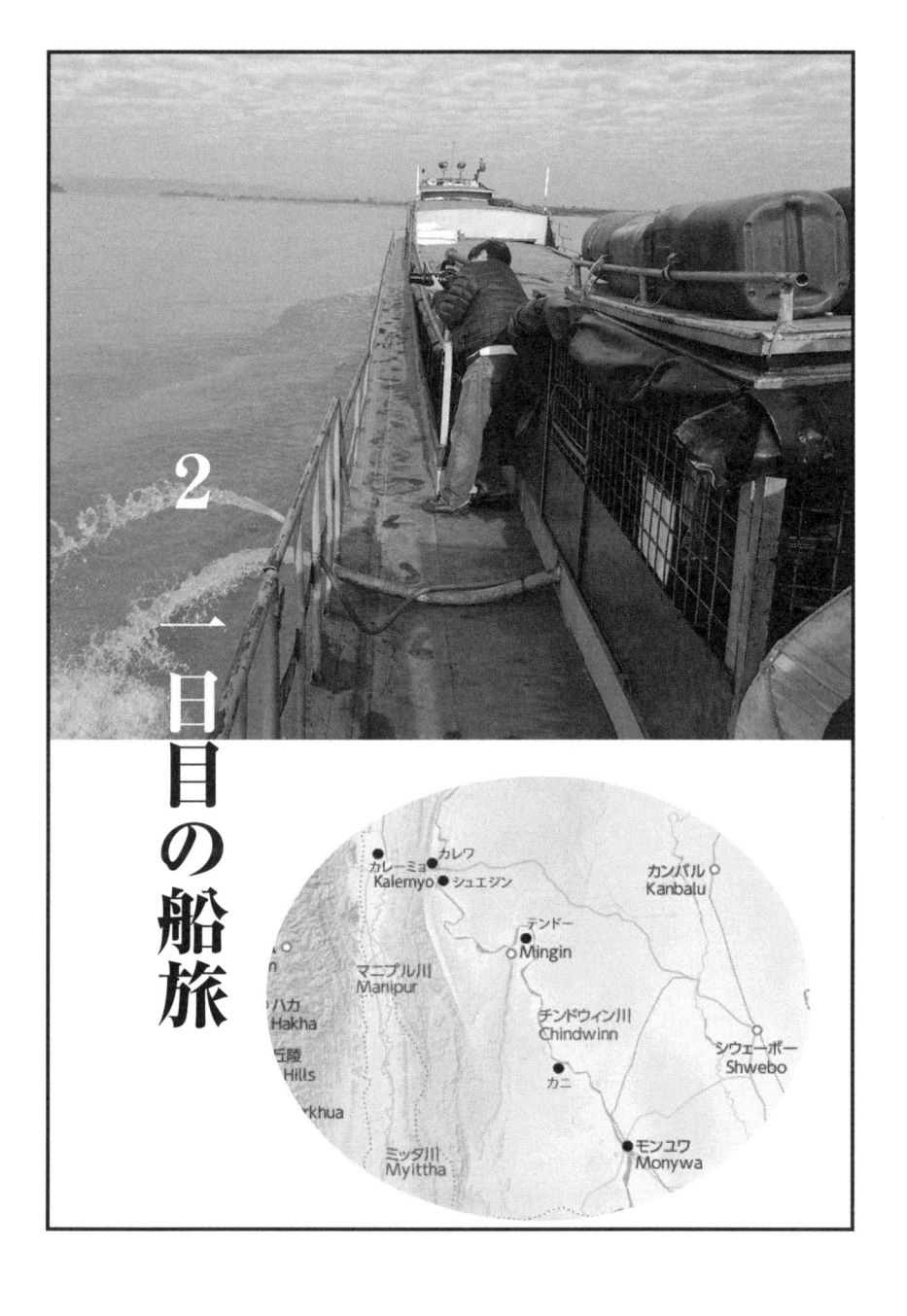

(1)モンユワからの出発

モンユワで、これからの六日間、五百七十キロ北のホマリンまでチンドウィン川を遡上する私たちの船旅のために、モンさんが勤めている会社が、私たちの船旅の許可が下りてから、大変な努力と苦労の末に大きな客船をチャーターしてくれていました。

五年前に建造されたと言う船の名前は、ヤラナピヨウ（宝がいっぱい）で、長さ三十八・九メートル、幅三・九六メートルもある鉄船です。そのエンジンは、日本のダンプカーについていた中古品だそうですが、三菱製品の二気筒で三百九十六馬力。なんと百五十人乗りの大きな客船です。

私たちは、日本からの四人と現地通訳兼案内人二人の合計六人が、これから行動を共にするのです。そして船には、四十一歳のベテラン船長アウン・ミヨーメイさんと、若い助手が二人います。

十二月十四日午前六時、市内のWIN YUNITYホテルを車で出発し、間もなくチンドウィン川畔の出発地につきました。川沿いには大小いろいろな船が沢山停泊しています。我々がそのひとつに乗船すると、船は、夜明け前のまだ薄暗い六時十五分に川岸を離れました。今日は、この船旅で一番長い行程の二百五十キロも北にあるカレワまで進むので、早朝の出発なのです。カレワまでは直線で二百二十キロだそうですが、川はジグザグに蛇行しているので、船が航行する距離は二百五十キロなのだそうです。この船は時速二十～二十五キロで航行するそうなので、十時間以上もかかり、目的地に着くのは夕方になるそうです。

川底の砂利採取船

モンユワでのチンドウィン川の幅は、雨季には千メートル以上にもなるそうですが、今はまだ乾季の始まりで約七百メートルです。乾季末の二、三月頃には水量が少なくなって川床が干上がって、数百メートルになり、砂地が広がるそうです。

モンユワを出発して間もなく、川床の砂利を採取する船が十数艙もいて、早朝から活動しています。水深が浅くならないように、上流から流れてきた砂利をすくい取っているのですが、川に流された日本兵の遺骨も、舎利や砂になって紛れ込んでいるやもしれません。そんな思いに駆られて手を合わせているうちに数分で通り過ぎました。

川の両側には山はなく平原が続いています。午前六時四十五分に東の空に太陽が昇り、川面が一段と明るくなりました。そして、七時頃、チンドウィン川にかかる唯一つの大きな鉄橋の下にかかりました。大陸の大きな川に架かる橋は、日本では想像もつかないほど巨大な規模です。川面に大きな鉄柱が並び、水の流れ

船の屋根上

をものともしない人造物が、船もろとものみこんでしまいそうなので、下から見上げていると、恐怖さえ感じました。しかし、あっという間にくぐりぬけ、遮る物のない青空になりました。

午前七時三十分、ホテルが準備してくれていた朝食用の紙包みをモンさんから受け取り、客室の上の鉄板の屋根に上がって周囲を眺めながら食べます。パン二個とバナナ一本、それにゆで卵一個、紙パックのジュース。パンにジャムをつけて食べるのですが、川風は冷たく、冬用のジャンパーを着ていても寒く、ゆったり味わってとはなりません。しかし、周囲の景色が刻々と変化しますので、舌の感覚よりも、目や耳の感覚が強く働き、寒さよりも快感の方が勝って、屋根上に座り続けました。

私は、いろいろな乗り物に乗って世界中を旅しましたが、川を航行する船旅は、汽車や自動車、オートバイなどでの旅とは違って、揺れることも危険も少なく、座っていると両岸に流れゆく光景や上り下りに航行す

舳先に生けられたタビエ

るいろいろな船を、安心してゆっくり眺めることができ、実に楽しいのです。

七時四十五分頃、両岸に砂岩が迫り、川幅が百メートルほどに狭くなった所を通りました。川幅は狭くなったり、広くなったりしますし、両岸が岩であったり、土であったり、砂であったり、草地であったり、林であったりと変化しますので、目が離せないのです。それにしても人家や村は少ないのです。

船の舳先には、若芽が赤褐色で美しい葉をつけた、〝タビエ〟と呼ばれる木の枝が金属製の円筒形の筒に数本いけられています。船長によりますと、航行中の安全祈願のためだそうで、枯らさないように毎朝水を注いで世話をするそうなので、仏教国ミャンマーでも精霊信仰が併存しているようです。

午前九時には右岸の西側に、珍しくカニと呼ばれる村がありましたが、立ち寄ることなく通り過ぎました。太陽は出ているのですが、川風が寒いせいか、村人たちが川沿いで作業したり洗濯したりする姿や子どもた

川沿の乾季の村

ちがまだ見えません。しかし、十時過ぎになるとやっと暖かくなり、衣類を一枚ずつ脱ぎました。

(2) 蛇行する川

十一時過ぎに、キンと呼ばれる村を過ぎて、西から東へ大きくカーブしている所を通りました。船長によりますと、二、三週間前の十一月中旬に、ここで下りの客船が、川の流れが速くて曲がり切れずに、堆積した砂地が切り立った右岸に激突して沈没し、数十人の乗客が水死したそうです。この事故は日本でもニュースになり、知人たちが今回の船旅を心配してくれたのでよく覚えています。今の川面は穏やかなのですが、雨季の増水した川は危険なのだそうです。

十一時二十一分、乾季で水量が少なくなって干上がった、右岸の広い川床の川沿いに、竹やヤシで作った小屋が並ぶ村を見かけました。村人たちは、川から一キロも離れた雨季の村から出て、乾季の臨時の村を

川を下る竹の筏

川沿いに作っているのだそうです。大陸の大きな川沿いに住む人々の生活の知恵で、砂地の広い川床を耕して作物を作り、川魚をとって食べる、古来の特徴的な生活様式なのです。

十一時二十七分、川床の干上がった砂丘が西（右岸）から東（左岸）の方へ大きく張り出し、水の流れが大きく曲がる突端を通りますと、狭くなって流れが速くて川面が波立っており、エンジンのない小舟や竹の筏や竹船は通行に苦労しているようでした。

これから度々使われる〝右岸〟とか〝左岸〟の呼称は、国際的慣例で川の上流から見た右側を右岸、左側を左岸とする決まりになっているのです。

チンドウィン川には、川を下る竹の筏や竹船が多いのです。その船頭や乗組員たちは、この難所で竹棒を使って忙しく働いていました。古来変わることのない、川上から川下に竹を運ぶ筏は、自然の流れに任せで楽なようですが、長い航行の途中には激流や浅瀬、湾曲部があるので苦労が多いようです。

テンドー村の休憩所

ミヤンマーの南の方にはない、節の長い〝ワ〟と呼ばれる竹は、何百、何千本も筏に組んだり、筏の上に竹で家を作ったりして大きな竹船にして、上流から運んでいるのです。川下のパガンや、遠くヤンゴン（ラングーン）まで、一月も二月もかけて下り、売り払うのです。パガン地方で有名な特産品の竹かごや漆器の原材料は、この竹が使われているのです。またヤンゴンでは、古くから高い建物を建てる時の足場を組むに必要な、なくてはならない建築材になるのです。この竹は肉厚で中の空洞が小さく、日本の竹よりも浮力が弱いので、筏を組むのに沢山必要なのです。

大陸の人々にとっては、川は物資を運ぶ道で、乗り物は舟や筏なのです。川を上るには帆や櫓、そしてエンジンが必要ですが、下るには流れに任せてのんびりと進むのです。

十一時三十四分には、再び川幅が百メートルほどの狭いところを通ります。狭くなっている所は水深があり、通行には心配ないのですが、川幅が五百とか千

初日の昼食

メートルのように広い所は、水深が浅いので、船長は水の流れる川面の様子を見て、船の航行を決めるのに気を使うのです。

十一時四十一分に、右岸の乾季用の臨時の村テンドーに接岸しました。村の家は川面から十メートルも高い斜面の途中に建てられており、その一つの簡易レストランで昼食です。雨季にはこんな高いところまで川面が上がるそうです。右岸は二十数メートル高くなっていますが、向かいの左岸は平地です。雨季には川幅が一体どのくらいの広さになるのでしょう。多分、数キロから十キロくらいの広さになるのでしょう。

広く干上がった白い砂地を見下ろしながら、大陸の川の異常に変化することが想像できないのですが、七、八月の雨季に直面した日本の兵隊さんたちは、大川の流れが理解しがたく、さぞ困ったことでしょう。何より、この川に万を超す兵士の遺体が飲み込まれ、その遺骨は川床の砂となって、今は干上がった白い砂の粒になっているに違いないのです。

川面を見下ろしながら、ミヤンマーの味の良い薫る米の飯と、鶏や魚の空揚げ、野菜の煮物、野菜の漬物、野菜スープなどで昼食をしました。

乾季の川床を耕す

(3) 右岸に山が続く

昼食後、十二時三十分に出発し、十二時五十四分には、東から西へ大きくカーブした所を通り、左岸に大きなパコダが見えました。川沿いにはあまり村は見えません。多分、雨季の増水時には危険なので、川沿いからは少し離れた安全な場所にあるのでしょう。

午後一時三十六分頃には、西に向かっていた川が徐々に北の方へ向かいました。そして、やがて右岸の西にメンゲン山脈が見え始めました。二時二十四分には、川幅が広がり、川中に三角州ができて流れが左右に分かれています。船長は、船を右岸の左側の流れに進めました。

二時三十三分、右岸の林の中に見えるミンゲン村を通過し、村はずれで洗濯している女性や、水浴びをしている女性や子供たちがいました。そして、川沿いに干上がった緩やかな斜面を、牛に犂を引かせて耕している人もいます。この地方では、乾季の始まる十月下旬から干上がった川床を耕し始め、豆類、瓜類、落花生、トマトなどを栽培し、二月から三月には収穫し終わるそうです。二時五十八分頃には、左岸の広く干上がった川床を耕運機で耕している夫婦らしい男女がいました。今を盛りと川床を耕して作物を栽培しようとしている光景が続きます。

大陸における人類の農業は、川沿いで始まったと言われています。そして、古代で発展した町はたいてい川沿いにあったとも言われています。それは、川の水が雨季に上流から肥沃な土を運んで、途中の川床に堆積し、乾季に干上がった肥沃な川床で、毎年作物を栽培し、食糧を確保できたからです。例えば、チグリス、ユーフラテス川、ナイル川、ガンジス川、黄川や長江なども、このチンドウィン川と同じような条件で、川沿いに肥沃な大地に恵まれて、古代から作物が栽培されていたのです。

三時三十四分には、左岸にかなり大きな村があり、流れこむ支流沿いの丘の上に、小さな白いパコダが一列に並んだ珍しい光景を見ました。仏舎利塔のパコダは、普通には独立して建てられていますが、ここのは、十数個も並んでいます。

これまでにも気になっていましたが、岸辺の茂みなどに白いビニールや発泡スチロールが引っ掛かっていて、上流で捨てられた文明的化学製品の残骸が見受けられ、いやな光景を呈してもいました。

やがて西側の右岸にメンゲン山脈が迫り、五時一分に山頂に日が沈みますと急に肌寒くなり、再びジャンパーを羽織りました。

五時十五分には、チンドウィン川がメンゲン山脈を西から東へと突っ切る、砂岩の絶壁が続く所に通りかかりました。ここも川幅が二百メートルほどに狭くなって、流れが強くなっています。

この地点は、印緬国境のチンヒルから流れ出る多くの川が合流する、西のカレーミョ平原から流れる

チンドウィン川とメタ川の合流地

メタ川が、北からのチンドウィン川に合流し、二つの川の勢いが、砂岩の連山を徐々に浸食し、西から東へと流れを変えている所なのです。

川の流れが徐々に浸食して砂岩を切断した岩壁の間を抜けると、目の前にカレワの町が見えました。初日の目的地カレワは、チンドウィン川とメタ川が合流している三角状の台地にあるのです。午後五時二十二分、無事にカレワに着きました。しかし、この町には外国人が泊まれるホテルがありませんので、四十五キロ西にあるカレーミョまで、メタ川沿いに車を走らせました。そして、午後六時五十三分にモダンなMAJESTYホテルに着いたのです。

3 カレワからモーライクへ

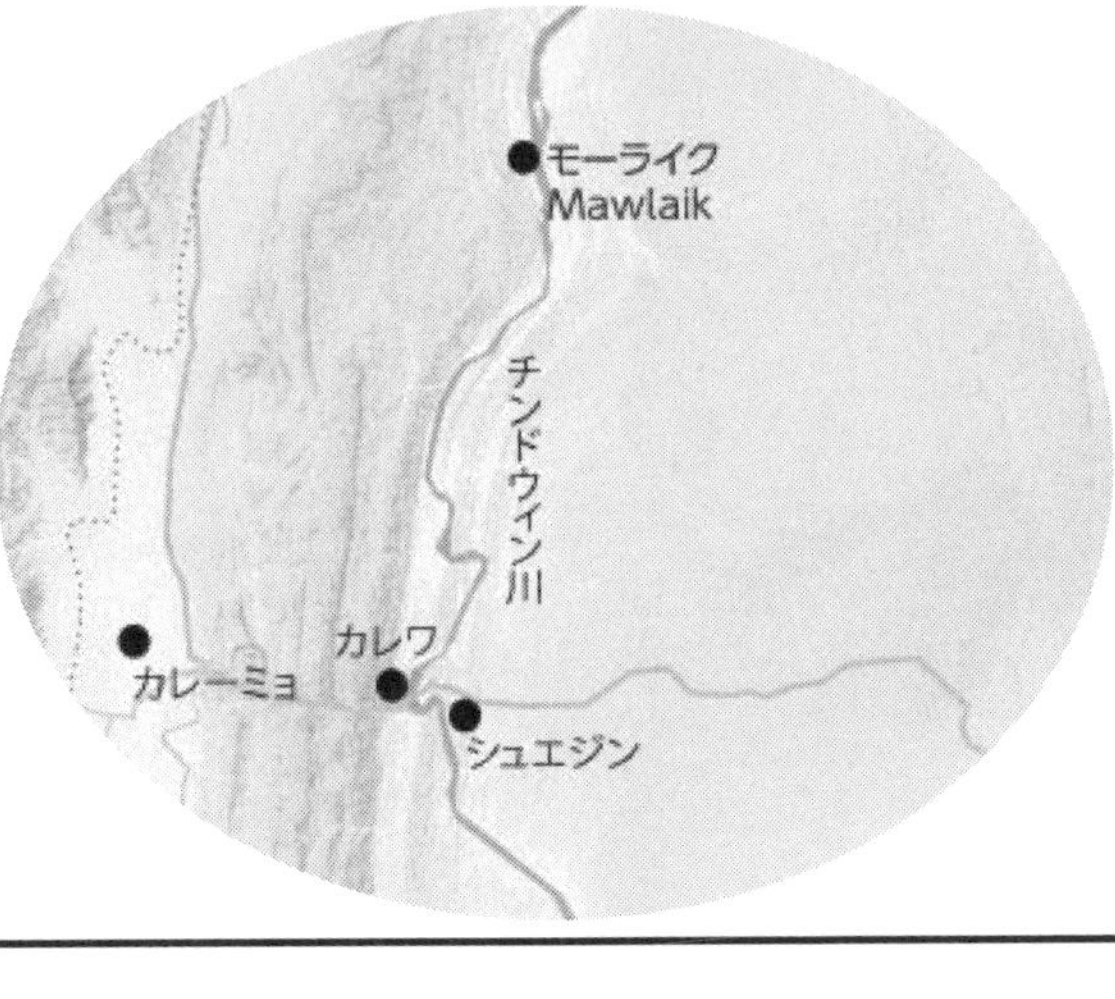

(1) シュエジン村の戦跡

十二月十五日、午前七時十分にカレーミョのホテルを出発し、メタ川沿いに車で下りました。インドとの国境にあるチンヒルから流れ出る数多くの川が、カレーミョ平原で合流してメタ川となり、東に向かって流れているのです。そして、北のユーコン渓谷から流れ出ているチンドウィン川にカレワで合流しています。

カレワには八時十五分に着きました。この町は、二つの大きな川が合流していますので、北と南の二辺を川に、西側の一辺を山に囲まれた三角状の平地にあります。川沿いの狭い平地にあるカレワは、船よりも車による輸送が発達した今日では、西の平原にあるカレーミョの方が発展してこの地方の中心的な町となり、今ではさびれた小さな港町でしかないのです。港町と言っても人工物があるわけではなく、船が接岸できる浜辺があるだけです。

一九四四年当時は、この町にも日本軍が駐屯していたし、インパール作戦に失敗して敗退した多くの将兵が、ここからチンドウィン川を東に渡ってもいたのです。

二つの川が合流する三角状の頂点の、丘の上にあるシュエモト・パヤ（寺院）は、その当時にもあった古い寺で、境内からは町と川が一望できる絶好の場所。私たちはその寺院に直行し、靴を脱いで素足になり、長い階段を上りました。

丘の上の寺の入り口には、寺院再建のために募金をしている人が椅子に座っていました。私たち六人

カレワの町

が突然に訪れましたので、彼は驚きの表情で立ち上がりながらも、笑みを浮かべて迎えてくれました。私は、昨年もこの寺を訪れて寄付をし、僧侶から手書きの立派な領収証をもらっていましたので、すぐに彼に近づいて一万チャット紙幣を差し出しました。他の日本人も私に続いて寄付しましたので、彼は大変喜んで、破顔一笑していました。

私たちがノートに記名している間に、通訳のチョーさんが、私たちは日本人で、戦争当時にこの地方で亡くなった日本の兵隊の慰霊に来ている旨を説明してくれました。

五十九歳のキンマウン・シエンさんは僧侶ではなく、ここで午前中だけ奉仕で募金係をしているのでした。彼は、戦争当時のことは知りませんでしたが、多くの人から話を聞いていろんなことを知っていました。

日本軍は、西の山の麓に駐屯しており、町には日本兵は沢山いて、この寺にもいたそうです。イギリス軍の飛行機に爆撃されて町は焼けたそうです。寺には当

カレワの船着き場

時落とされた爆弾を鐘として吊るしてあり、今も使っていました。この町で日本兵が死んでその後どうなったかは知らないそうですが、ここから川を東へと渡った日本兵が目指したのは、五、六キロ南の対岸にあるシュエジン村であったと教えてくれました。

弓師団（元）参謀の山之内甫監修の書「実践インパール作戦笹原聯隊の死闘（展望社）」には次のように記されています。

〝なお、この転進時第二中隊（長・三木繁治郎中隊、兵力二十名、第一中隊、島田伍長以下五名配属）は、柄田聯隊（旧笹原聯隊）の右翼援護のため、舟艇によりシュエジン（カレワ下流四キロ）からチンドウィン河を下航した〟。

また、磯部卓男著「インパール作戦（磯部企画）」には、次のように記されてもいます。

〝軍司令官以下司令部は七月二十五日シッタンに到着し、司令部は同地で所要の指導を行い、わずか一日滞在しただけで翌日シッタンを出発し、二十七日未明

シュエジン村

カレワ対岸シュエジンまで後退した〟。

私は、この一月にモンさんと二人で、川上のトンビン村近くで、チンドウィン川を西から東へ渡るフエリボートの船上で、シュエジン村出身の四十代の船員たちに会いました。彼らによりますと、彼らが子どもの頃、村の近辺では、時々横になって寝たままの日本兵の骨が発見されたそうです。村人たちは遺留品を保管したり、売ったりしましたが、骨は素焼きの壺に入れてチンドウィン川に流し、埋めることはしなかったそうです。村人が死ぬと、焼いて灰にして捨てるか埋めたそうです。埋めた場所は、二、三十年もすると分からなくなるとのことでした。

私はこれまでに数冊のビルマ戦線の体験記を読みました。その中にもシュエジン村のことが書かれていましたので、新山さんとも話し合って、それがどんな村なのか確かめることにしました。

八時半頃から徐々に霧が晴れ始め、九時頃には視界がずいぶんよくなりましたので、寺から降りて、九時十八分には船に乗り込んでカレワを出発し、チンドウィン川を下りました。

すっかり霧が晴れて太陽が顔を出し、視界がよくなった両岸の光景を眺めながら下っていますと、約二十分後の九時四十分にシュエジン村に着きました。左岸にあるシュエジンは、南北を低い砂岩の山に挟まれた谷間にあり、入口は幅二百メートルくらいですが、奥行きがあるのか、小川が流れ出ており、砂の多い重厚な砂地が続いています。船はその砂浜に乗り上げるように停泊し、私たち一行は下船しました。

水辺から五十メートルほどの幅で広がっているゆるい斜面の砂地は、耕されて畝ができています。多分落花生の種がまかれているのでしょう。水辺には沢山の長い竹が運び出されており、竹の筏を組んでいる人がいます。

砂地の坂道を上がった所に、コックベンと呼ばれるねむの木科の大木があり、その近辺にニッパヤシの葉で葺いた高床式の家、ニッパハウス（ミヤンマーの木製の家は、床下一メートル以上ある高床式で、屋根はニッパヤシの葉でふいている）が散在していました。我々がやってくるのを見ていた村人たちが、すぐにコックベンの木の下に集まってきて、我々をとり囲むように立ちました。そして、モンさんやチョーさんの説明を聞いた、村長だと言う五十五歳のウ・テンマンさんが対応してくれました。

この村は、以前はもっと大きかったが、戦後間もなくから村人が仕事を求めて次々に村を出て、今では十四軒、五十数人の小さな村になっているそうです。戦争当時は最初イギリス軍が駐屯していたそうですが、やがて日本軍がやって来て、激戦の末イギリス軍を追いだしたそうです。多くの犠牲者を出したイギリス軍は、死者を小川の河原で荼毘に付し、ジープや車を川辺の砂地に埋め、運搬用の鉄舟を川

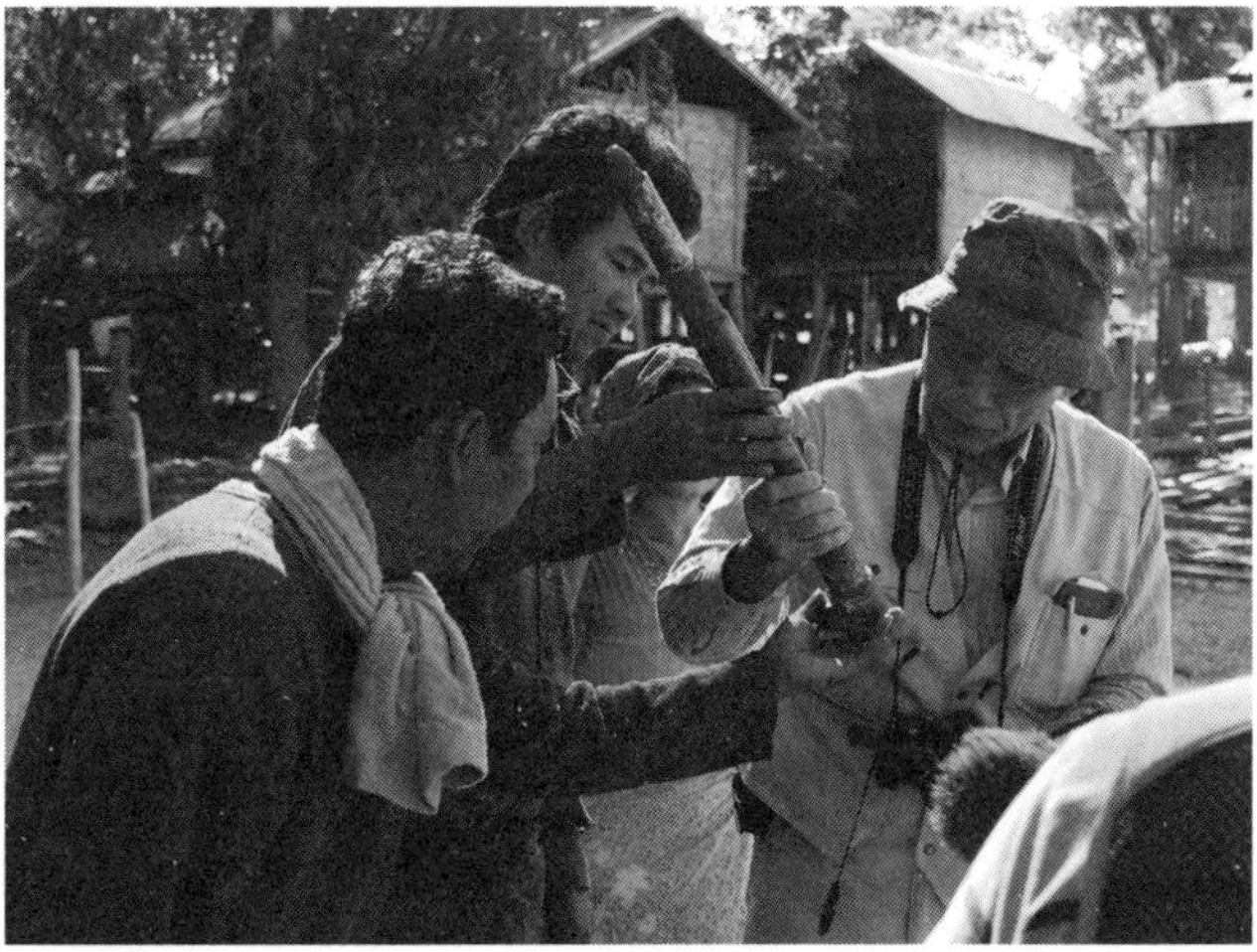
村人と筆者

に沈めてから西の方へ逃走したそうです。その後に日本軍がここにやって来て、一部の兵はここに残りましたが、多くの兵士はイギリス軍を追ってチンドウィン川を渡り、インパールの方へ向かったそうです。

村人たちは、話を聞いているうちに、当時の銃剣や中型爆弾、機関銃の弾、鉄兜などの遺留品を次々と家から持ち出して来て見せてくれました。もちろん日本軍が駐屯していたこと、多くの戦病死者がいたこと、遺体を川に捨てたことなど、まるで当時のあり様を見ていたかのように、さまざまなことを話してくれました。

しかし、こんな小さな村に、イギリス軍や日本軍が何故に駐屯していたのか疑問を感じ、私は一人で足早に村の奥の方へ進みました。村人たちは他の日本人たちと話していましたので誰もついてきませんでした。

二、三百メートルほど進んで山陰になっている奥の方を見ますと、村の入口の狭さとは違って、小川のある広い谷間に田畑が広がっており、この村の食糧生産が豊かであったことが解りました。

稲が実っている広い水田のあぜ道に立って眺めていますと、他の日本人や村人たちがやってきました。村人によりますと、この広い稲田は、日本軍が駐屯していた場所で、私たちが立っている傍の、赤い花

肉厚の竹「ワ」

をつけたパウと呼ばれる葉の大きい大木は、通信用のアンテナとして使われていたそうで、当時この木に打ち込んだ白い碍子が、木の成長によって食いこまれ、僅かに頭を出して残っていました。

驚いたことに、この広い稲田には、五、六メートル以上もある大蛇がいるそうです。大蛇は水田の神様で、村人たちは大蛇を恐れることもなく、守るように共存しているのだそうです。

「今もいますか」と尋ねると、「その辺にいるか、山にいるかわからない」と答えて、村人たちは笑っていました。食糧が乏しかった当時の日本兵は、蛇やとかげをとって食べたという話をよく聞きましたが、その大蛇は、七十数年前にもいたのだろうか。四、五十代の村人が子どもの時からいたそうなので、もしかすると、日本兵にも食われずに生き残っていたのかもしれません。

村の入口の砂岩の絶壁には、日本軍が掘ったと思われる横穴式の、壕の入口が三個、今も黒い口をむき出してあります。村の後ろの丘にある白いパコダは、イギリス軍の飛行機の爆撃で破壊されていましたが、戦後再建されたそうです。

南北を砂岩の山に挟まれ、西側をチンドウィン川に守られて東へと延びているこの谷間は、小川沿いの農耕地に恵まれた要塞の地であったのです。そんなこともあって、日本軍は、インパール作戦当時、この地を食糧供給地として確保していたようです。

この谷間の奥は、〝ワ〟と呼ばれる節の長い竹の産地でもあり、長い竹竿を十数本束ねて、牛にひかせて川辺に運び出されていました。と言うことは、食糧にもなる筍も豊かなのです。

村人たちは次々に話してくれるのですが、一時間だけ滞在して、今日の目的地である川上のモーライクに向かって、十時五十分に出発しました。

(2)モーライクの日本兵の遺体

①ゴミとして埋められた遺体

十一時十五分にカレワに戻りましたが、立ち寄ることなく通過しました。カレワの川上には、チンドウィン川に架る二番目の橋が建設中（日本の会社も参加）です。大川に架かる鉄橋の規模は大きいのですが、もうかなり工事が進んでいて、来年の三月には完成するそうです。

建設中のカレワ大橋

北から流れているチンドウィン川は、カレワで岩山を西から東へと通切って流れを変えているので、ここからは連山の西側を流れています。建設中の橋を過ぎた左岸には、広い砂地が続いています。その水辺に砂を採取する船が何艘も停泊し、人々が船に砂を運び込んでいました。

十二時三十六分には、左岸にマセインと言う大きな村が見えました。この村の丘には小さな白いパコダが沢山並んでいました。後で聞いたのですが、この村にも日本軍が駐留していたそうです。

午後二時七分には、四、五百メートル離れた右岸の砂地に臨時に作られた小屋が立ち並んでいる村があり、カラフルな船が沢山停泊している所を通過しましました。そして、やがて、左岸に、五メートルも高くなった三角州の砂地（雨季には水没）が耕作されている所に通りかかりました。川の中に二、三キロ以上も続くその台地には、農作業用の臨時の小屋がポツリポツリと建てられてい

白いパコダの並列

ました。この台地が切れた右岸にモーライクがあるのです。

午後二時二十分にモーライクに着きました。川面から四、五十メートルも高くなっている岸辺の階段を上がると、この一月にも泊まったＡＫＺゲストハウスがありました。四畳半くらいの部屋に木製のベッドがあり、毛布一枚だけの素朴なゲストハウスですが、人口一万人前後のこの町には、ここに勝る宿泊所はないのです。

部屋に荷物を運び込んで直ぐに外に出ました。そして、皆で日本人の墓らしいと言う情報があった、イスラム教の寺院を探して行きました。ゲストハウスから三、四百メートル行った町はずれの寺院を訪ね、顔のひげが豊かな五十三歳のテーレンさんに会いました。彼が子どもの頃に見た漢字で書かれた墓のあった場所に案内してもらいました。その墓石はもうなくなっていましたが、いろいろ尋ねていますと、どうも戦前からこの地にい

モーライクの船着き場からの階段

た中国系の人の墓らしいことが解りました。

そこで、彼に頼んで、この辺での最高齢者の所に案内してもらうことにしました。彼の案内で、三百メートルほど北の方へ離れた家を訪ねました。そこの九十歳の老婆、キンタさんは、ここに来る途中に通った川下の、マセイン村の出身で、結婚後にここにやって来たので、当時のことは知りませんでした。しかし、彼女は、十六、七歳の頃、マセイン村に駐屯していた日本兵から習ったそうで、「村長、娘、かわいい」等の日本語をまだ覚えていました。九十歳にしては元気で陽気な老婆は、久しぶりに会った日本人の我々に、懐かし気によくしゃべりました。

彼女に事情を話して高齢者の紹介を頼みますと、モーライク生まれの老人ウー・タンセンさんを紹介され、彼女の家から二百メートルほど離れた街中の彼の家に、テーレンさんが案内してくれました。

ウー・タンセンさんは、英語塾を開いている英語の先生で、一九四〇年二月生まれの七十六歳でした。

彼は達者な英語を話し、元気な老人でしたが、事情を話しますと、「私の幼少年時代の記憶は確かではないので、当時のことをよく知っている女性を紹介する」と言って立ち上がり、彼の家から道を挟んで反対側にある大きな家に案内してくれました。

彼は、二階に続く木製の階段を音高く踏みならし、大きな声で女性の名前を呼びながら上がりました。我々も続いて上がりますと、二階の板の間に、日本人のような、眼鏡をかけた老婆が一人で座っていました。

ドー・ペインチンさん（88）

ウーさんが事情を説明してくれ、彼女が当時のことを話してくれることになりました。私たちは、八十八歳のドー・ペインチンさんを囲むように板の間に座り、チョーさんとモンさんの通訳で、彼女から話を聞き、新田さんは、その現場に三脚を立てて撮影し、音も記録しました。

彼女の話によりますと、インパール作戦に失敗してこの地に戻って来た日本兵は、飢えと病気でひどい状態であったそうです。彼女たちは、初め日本兵たちに食べ物を与え、世話をしていましたが、あまりにも数が多くなったことと、悪臭がひどいのとで途中から世話をするのをあきらめたそうです。彼女の家の近くにビルマ人の医者がいましたが、手の施しようがなくなって、彼も遠くへ逃げてしまったそうです。何より、イギリス空軍の爆撃が激しく、町の人々も大半が山の方へ逃げてしまったそうです。

日本兵の多くは、屋根の残っている森林署などの建物に入っていたようですが、イギリス空軍の激しい爆撃で死んだり、病気や飢えで死んだりしたようです。その死者の数は無数で数え切れず、残っていた家という家には、どこもかしこも死体や遺骨があふれていたそうです。

一九四四年のインパール作戦が終わって一カ月後くらいに、町の人々が戻ってきて、街を清掃するために、子どもを含めて三十人が一組で、四グループを作って、日本兵の遺体や遺骨を集めたそうです。そしてそれらを、チンドウィン川に投げ入れたり、爆弾が破裂してできた街中の大きな穴にレンガやごみと一緒に投げ入れて埋めたりしたそうです。

当時十五歳であった彼女は、そのグループの一員になって、日本兵の遺体や遺骨を来る日も来る日も集めて、穴の中に投げ入れたと、当時を思い出して、暗い表情で語ってくれました。

日本兵の遺体を投げ入れて埋めた穴は、その後、家が建てられたり、道や沼地、林になって、今となってはその場所が分からなくていたりするそうです。唯彼女の記憶によりますと、森林署の建物があったところの、爆弾による大きな穴には、特に沢山の遺体を投げ入れたそうです。戦後再建された今の森林署の建物の下には、今も沢山の遺骨がそのまま埋まっているそうです。

私たちは、彼女に礼を述べて家を出た後、彼女が教えてくれた、北の方へ五百メートルほど離れたその国営の森林署を訪れました。高い庭園樹の多い敷地にある建物は、古めかしい木造の平屋建てでした。通訳のチョーさんは、国の建物は撮影禁止であり無断で入ることはできないと、中に入ることを拒みま

国営の森林署

したが、門番はいなかったので、私は一人で、国旗が掲揚されていた庭に入って行きました。

熱帯地方特有の、簡易的な古い建物の廊下に、四十代と思われる女性がいましたので、英語で話しかけ、日本人である旨を説明しました。幸いにも彼女は少々英語を話しましたので、旧日本軍の兵隊の遺体が、この建物の下に埋まっていることを説明しましたが、彼女は何も知りませんでした。他に二人の女性が出てきましたので、ここに入ってもよいかどうかを確かめましたら、どうぞご自由に入ってください、撮影もよいと言ってくれましたので、門の外にいた皆を呼び込んで、多くの将兵の遺骨が埋まっていると言われる床下を見ました。私はかがみこんで床下の大地を見つめながら、「ごくろうさんでした」と呟きながら合掌しました。

ミャンマー西北部を二度訪れて、多くの日本兵が傷つき、病や飢えや渇きなどで倒れ、見知らぬ異国の大地でのだれ死したことを知り、今またここで、多数の日本兵の無念の思いがこみ上げ、脳裏が張り裂けるような思いに駆られました。

「祖国よ、我はここにいる」

篤き思いに先陣競い　海を渡って異国の大地
いくつもの大きな山や　川を越え
戸惑う野辺に靴音高く　弾雨激しく身を攻める。
戦い敗れ身は負いて　はだしで歩く足を止め
東に上る太陽に　父母おわす故郷よ
味噌汁香る白い飯　心の叫び思いが馳せる。
行けど進めど果てしなく　我が身は汚れ　心はなえる
飲まず食わずで　一歩一歩とまた一歩
渾身つきて大地に伏せる　祖国よ　我はここにいる。

七十数年前には、赤紙一枚で招集され、祖国のためと思いつつ、異国で困窮の果てに命尽きた日本の兵士たちが沢山いたのです。今となってはその事実さえ忘れ去られていますが、遠く離れた異国の地で、誰にも知られることなく眠っているのです。

もう暗くなりかけていましたので、床下はよく見えませんでしたが、土があるだけで何の変化もなく、雑然としています。庭には川原にあるような石ころが沢山転がっていました。私は、国旗掲揚台近くにあった石ころを一個ポケットに入れて持ち帰りました。

後日談になりますが、新山さんの伯父さんもインパール作戦に参加して死亡していました。彼もここで記念にと石ころをポケットに入れていたそうです。私は大丈夫でしたが、彼は出国の時マンダレー空港でそれが発見され、宝石の原石と間違えられて、税関員にとがめられましたが、単なる石ころであったので、彼らは笑って通してくれました。

私たちは、暗くなりかけたモーライクの町を歩き、街の北側にある大きな時計塔の横を通ってチンドウィン川沿いに出ました。そして、川沿いの道を歩いて街の南にあるゲストハウスに戻ったのです。

②ジャパン・ロードとホテル

一九四二（昭和十七）年一月に始まったビルマ戦線には、日本軍兵士が約三十二万人も投入されたそうですが、その一部であるインパール作戦には約十万人が投入されました。

一九四四（昭和十九）年三月に始まったインパール作戦は失敗し、開始から四カ月後の七月十日頃には、現地での作戦中止が命じられたそうです。しかし、激しい戦いと山岳地帯ゆえの地理的条件と雨季による悪条件も重なって、兵器や食料などの物資輸送がままならず、飢餓やマラリア、赤痢などの病魔によって、多くの将兵が亡くなられたことはよく知られており、悪名高い作戦となっていました。

朝日新聞社の当時の従軍記者であった丸山静雄さんが、一九八四（昭和五十九）年六月に出版された著書「インパール作戦従軍記（岩波新書）」によりますと、次のように記されています。

〝インパール作戦は1944年3月8日開始された。この日、第33師団（弓兵団）主力はモーライク付近でチンドウィン川を渡り、モーライク、ヤサギョウ、フォート・ホワイトの線から攻撃に移った〟

私は、この一文によって、この一月にも通訳のモンさんと共にモーライクを訪れ、町から三～四キロ北の川沿いにある、古いニヤンピン・タルプテス修道院で三十五歳のアジン・ソーバナ僧に会いました。僧によりますと、七十数年前には、この寺院の北には沢山の日本兵がいたし、死体もあったと聞いているとのことでした。

彼の紹介で知り合った五十八歳のテンマウさんが、かつて日本軍が駐留していた場所を案内してくれることになりました。

ジャパン・ホテル跡地に立つテンマウさん

道のない川床を寺院から北へ三～四百メートル進んで、川床から五～六メートルも高くなっている台地に、高床式の彼の家がありました。その庭に大きな砲弾があり、黒こげた水筒もありました。彼が日常使っている水筒は日本製のようですが、不発弾は、直径七センチ、長さ三十センチほどの不発弾は、多分イギリス空軍が落とした物でしょう。

高さ十数メートルの丘のような低い山に南北を挟まれた、入口の幅が百数十メートルの小さな谷間に水田が広がっています。そこに続く畦道を歩いて奥へ百五、六十メートル進むと、何もない広場がありました。テンマウさんはそこを〝ジャパン・ホテル〟の場所だと教えてくれました。テンマウさんの父親は、ここから四キロ程北のトンビン村の出身で、現在の家は戦後建てたそうです。彼によると、十数年前に死亡した父親（当時七十歳前後）たちが、この場所を〝ジャパン・ホテル〟と呼んでいたというのです。

土門周平著「インパール作戦（ＰＨＰ研究所）」には次のようにあります。

〝第15軍は、昭和19年1月27日、隷下兵団参謀長をメイミョーに会同し、重ねて兵棋演習を実施して、作戦思想の統一を図ると共に、軍の展開命令を下した。

第三十一師団、ピンボン、ホマリン
第十五師団、ビンレブ、パウンビン
第三十三師団、カレワ、カレミョウ、モーレイク（モーライク）各兵団は所命地区に戦略展開し、その後の作戦を準備〟。

また、先にも引用した山之口甫監修の書「実践インパール作戦……」には、次のように記されています。

〝作戦開始と共に、従来モーライク周辺を警備中であった、第五中隊（長・山田恒雄中尉）第七中隊（長・滝沢清雄中尉）、および配属の斎藤栄少尉の指揮する第二機関銃中隊の一ケ小隊は、歩兵隊長山本募少将の指揮する右突進隊に配属された〟。

日本軍が作ったジャパン・ロード

とありますので、モーライク（モーレイク）には相当の数の日本兵が、インパール作戦のために通過したり駐留していたりしたようです。

モーライク近辺には日本軍が駐留していたし、このニヤン・タルプテス修道院の北辺には沢山の兵隊がいたそうです。そしてここの広場には大きな菩提樹があり、その下に兵舎があったそうです。日本軍が作った各村へ通じている道〝ジャパン・ロード〟を通って、各村に駐在していた兵士たちが、毎夜ここに集まって食事をしていたので大変にぎやかであったそうで、村人たちは、ここを今でもジャパン・ホテルと呼んでいます。ミヤンマー語での日本は、英語と同じ〝ジャパン〟なのです。

ジャパン・ホテル西隣に接した南北に通っている小道が、〝ジャパン・ロード〟で、今でも村人たちが農作業用に歩いて通っているのです。

今から四十数年前に、日本軍の軍資金がこの近辺に埋蔵されていると言う噂に飛びついたミャンマーの人たちがやってきて、埋蔵金捜しをしたそうです。その人たちが菩提樹の大木を切り倒して薪にしたのです。大きな株が残っていたそうですが、よく起こる洪水の度に土砂に埋れ、今は何処にあったのかも分からなくなっています。

私たちが話していると、谷の奥の方で農作業をしていた四、五十代と思える小柄な農夫が突然にやって来て、この奥に穴があると言いました。

穴と聞いただけで、私は日本軍が掘った〝壕〟に違いないと咄嗟の判断で、即座にその場所へ案内してくれるように頼みました。農夫の案内で私とモンさんは畑の上に続く林の中の道なき道を五〜六十メートル登りました。丘の中腹の茂みの中に二個の縦穴があり、横穴式の豪ではありませんでした。

農夫の話によりますと、祈祷師の占いによって、ここに日本軍の埋蔵金があると告げられた人たちが、直径一・五メートルと二メートルくらいの穴を深さ二メートル近くまで二つ掘ったのですが、炊事用具と皿しか出てこなかったそうです。結局、この近辺では埋蔵金は捜せなかったのです。

③子どもと遊んだ日本兵の幽霊

私は大変期待していたのですが、がっくりしてジャパン・ホテルの場所に戻って来ました。

ジャパン・ホテルの場所に隣接している小道のジャパン・ロードを南の寺の方へ進みました。茂みの中の小道を七、八十メートル進んで少し高くなっている道沿いの窪地を、ついてきた農夫が指差して、「この辺で日本兵の幽霊が出た」と言いました。彼が子どもの時、ここで幽霊に出会って急いで逃げたそうです。どんな幽霊であったのかはっきりしませんので、モンさんの通訳で問い直しましたが、怖くて逃げたのではっきりせず、日本兵の幽霊に出会ったとしかいいませんでした。ところが、傍にいたテンマウさんは彼とは違ったことを言いました。

彼の父親が子どもの時、夕方暗くなると日本兵の幽霊が出て、子どもと遊んだり、夜道を家まで送り届けてくれたりしたそうです。当時の子どもたちは、日本兵の幽霊を恐れ、怖がることはなかったし、仲間のように思っていたそうです。

私は昨年からミャンマー北部の大きな町は殆ど訪れましたが、どこでも旧日本軍兵士の悪評は聞きませんでした。若い人たちは、七十数年前に日本軍がやって来て、米英支那連合軍と戦ったビルマ戦争があったことなど知ることがなく、今日の発展した豊かな日本をよく知っており、憧れていました。

子どもの時に日本兵らしき幽霊に会ったと言う農夫は、怖くて逃げたと言いますが、テンマウさんのお父さんが子どもの頃の六、七十年前には、暗くなって出てくる幽霊と遊んだそうです。その日本兵の幽霊は、頭があったりなかったり、手や足があり、衣服を身につけていたり半裸であったりしたそうですが、悪いことはしなかったそうです。

ミャンマーの幽霊は、日本人の幽霊観とは少々違うようですが、テンマウさんは子どもの時、父親から幼いころに一緒に遊んだり、いろんなことを教えてもらって親しくなった日本兵のことをよく聞かされたりしたそうです。それからすると、どうも幽霊ではなく、彼らの父親の世代が、子供の時の日本兵との楽しい想い出なり、ビルマ族にとっては解放軍でもあったので、憧れの幻想物語であったのかもしれません。私にも、五歳の時に出会った兵士たちへの思いが、中学生の頃まで幻想の世界のように続いていました。

何よりも当時のミヤンマー（ビルマ）は長く大英帝国の植民地になっていて、以前の支配民族であったビルマ族は英国人から冷遇されていましたので、日本軍を解放軍、仲間として迎えて共に戦い、一時的にではありましたが勝利し、一九四二年の後半から約三年間は、この地方にも日本軍が駐留していたのです。結果的には日本軍は一九四五年八月に負けましたが、その後一九四八年一月にビルマ族を中心としたビルマ連邦国は英国（イギリス）から独立できました。そんなこともあって、ビルマ族の人々は今でも対日感情はよいのです。

農夫が子どもの時に見たと言う幽霊は、もしかすると、四十数年前に遺骨を探し求めて日本からこの地にやって来て、状況の変化に戸惑って林の中に茫然と佇んでいた、元兵士の老人であったのかもしれせん。怖くて逃げた彼は、それを幽霊だと思い違いをしているのではないだろうか。

幽霊出現の場所から先に進みますと畑があり、道がやや上り坂になっていました。寺の後（北側）の低い尾根の手前に来た時、同行していましたが殆ど口を閉ざして何も話さなかったバナ僧が、左手の方を指差して言いました。

「ここが、日本兵が沢山死んでいた低地だよ」

そこは、低い丘の狭間の平地で、野菜畑でした。バナ僧に最初に会った時、二十数年前に彼の前の僧から聞いた、日本兵が沢山死んでいた低地の林とは、ここのことであったのです。しかし、七十二年前と、二十数年前と、今では様相が一変しているのです。

後日、チンドウィン川上流のパウンピエンで、旧日本軍の遺留品を捜していたという、四十二歳の軍

日本兵の死体があったという低地

人に会いました。彼によりますと、チンドウィン川は六～七年毎に氾濫するし、その度に川沿いの広い範囲が浸水して、十センチから二、三十センチもの泥土が堆積するそうです。ですから、三、四十年もすれば様相が一変し、地元の人でも場所が確認できなくなるので、チンドウィン川沿いで遺骨を捜すのは無役なことだと教えてくれました。

アシン・ソー・バナ僧が教えてくれましたこの低地の畑の近辺には、銃剣や鉄かぶと、はんごう、水筒などの残留品が沢山あったそうですが、いろいろな人たちが持ち去って、今、バナ僧の手元には銃剣が一本あるだけだそうです。その銃剣を捜し出した人はもういないので、正確な場所は分からないそうです。

この低地であった畑の数メートル下には洪水で流されたり、川に捨てられなかった遺骨が埋っているのかもしれませんが、それを掘り出すにはブルドーザのような重機械が必要です。しかも今は畑になっていますので農民の許可を取ったり、事務的ないろいろな手続きや手間暇がかかったりします。

七十数年前の様相は想像もできませんが、見渡しても灌木の林に囲まれた野菜の植わっている畑には、今はもう何も見当たらないし、戦争の痕跡すらありません。

ミャンマーの仏教徒には家族名、姓はないし墓もありません。それに先祖崇拝もないのです。彼らにとっては輪廻転生なので、死者は物になり、骨は不浄な物になるのです。だから人間の遺骨、骨は動物の犬や猫、馬、牛と同じなので、対日感情のよかったビルマ族の村人でも日本兵の遺骨を見かけたら、地下に埋めて墓を作ったり保存することなく、チンドウィン川に流すか池に捨てたりしたのです。さもなければ牛の骨同様に放置され、腐れ果てるのです。

ジャパン・ロードは、寺の西側を通っていました。今は畑になっている低地から三〜四十メートル進むと、寺の方に出られる獣道のような小道が別れていました。バナ僧がそちらの方へ進みましたので後に続きました。

寺には銃弾を受けた跡のある仏像が一体鎮座していましたが、それ以外には戦争当時の痕跡は何もありませんでした。

④ミャンマー人の死生観

私は、通訳のモンさんを通じて、死せる日本兵が、何故に幽霊になったのか、人間の死後の世界観について、バナ僧に尋ねさせたのですが、僧にそんな事を質問するのは失礼ですと断られ、直接聞くことはできませんでした。

ミャンマーにはビルマ族、シャン族、モン族、カレン族、山岳地帯のカチンやチン族など、沢山の民族がいることは既に記しました。モンさんの名前にネイ・ザー・モンとありますので確認したのですが、彼女はモン族ではないそうです。

ミャンマーのビルマ族には日本のように家族名〝姓〟がありません。彼女の〝モン〟は、上品とか清らか、〝ネイ〟は、太陽を意味するそうなので、〝太陽のように清らかで温かい人〟を意味するようです。地名の「モンユワ」のモンは、菓子や飯を意味するので、同じモンでも発音の仕方によって違うようです。

ネイ・ザー・モンさん

彼女は仏教徒ですが、特に仏教について学んだことはないそうです。しかし、ミャンマーではいろいろな祭りや年中行事、人が死んだ時などに絶えず坊さんが来て説教をするので、仏教については自然に学んでいるのだそうです。

ここに記す内容は、子どもの時から絶えず坊さんの説教を聞いてきたというモンさんと、ミャンマー西北部で出会った、その他多くのビルマ族の人に尋ねて得た情報です。

輪廻転生を信じているミャンマーの小乗仏教によ

る死後の世界観を、モンさんは日本語で私のメモノートに次のように書いてくれました。

涅槃 ↑ 天国 ↑ ギャンマー ↑ 神 ↑ 人↓ 幽霊（TAYE）タイエ↓ 動物↓ 地獄

現世でよいこと（功徳を施す）をした人は、死後再び人間に生まれ変わることができるが、悪いことをすると動物に生まれ変わるのです。動物は功徳を施すことができないので、死ぬと地獄へ行きます。動物が人間に生まれ変わることは百年に一度もないのです。

人は、功徳を施してよりよいことをすると神（多分浄土のこと）やギャンマー（日本語では不明）、天国（極楽のこと）の世界へ行くことができます。しかし、そこにいられるのは、短いと三、四十日で長くても五、六十年で再び生まれ変わるのです。ただ本当に良いことをし、功徳を施すと涅槃に入ることができます。涅槃とは、喜怒哀楽や苦しみ、悩みなどない世界で、永遠に生まれ変わることはないのです。ビルマ族の多くの人が望んでいる世界なのです。

モンさんに、貴女はなんのために生きているのですかと質問すると、即座に「涅槃に入るため」と答えました。そして、にやりと笑って、「私は功徳をあまり施していないので、涅槃には入れないかも……。しかし、普通のことはしているので、人間には生まれ変わることができると思っています」とのことでした。

貴女はどんな人の生まれ変わりだと思いますかと尋ねたら、「ミャンマー人には三つの疑問があります」と言いました。

その一つは、自分は誰の生まれ変わりなのか。次はいつ死ぬか。そして最後は、死後はどうなるか。この三つのことは誰にも分からないのだそうです。

ミャンマーの仏教徒が、毎朝、托鉢する僧に米やお金、物を差し出したり、寺に参ったりするのは、功徳を施すためで、涅槃に入れるように精一杯の努力をしているのだそうです。

旧日本兵は、動物に生まれ変わることも地獄へ行くこともできず、現世に未練が強く、幽霊になって出てきたそうですが、今はもう出ないそうです。

ミャンマーの幽霊には頭も足も手もあり、衣服を身につけています。幽霊は悪いことはしないが、突然出ることがあり、人を驚かせるそうです。

日本での幽霊は、恨み、辛み等遺恨の強い状態で出現するので、あまり良いイメージはありません。しかも足がないのです。なんでも、江戸時代の絵師、円山応挙（一七三三〜九十五）が描いた、白装束の女性の幽霊画が、足のない幽霊の始まりだそうですが、何故足がないのかははっきりしないのだそうです。

現世に未練の強かった日本兵の幽霊は、夕方暗くなると、子どもたちが遊んでいる所に来たり、夜道を歩いていると家までついてきたりしたそうですが、別に変なことや悪いことはしなかったので、怖くなかったと言われています。何故だか分からないのですが、首のない兵士の幽霊もいたそうです。

ミャンマーの仏教徒は、今でも死者は坊さんが人々に説教をしてから火葬にしますが、骨が灰になるまで焼いて、家に持ち帰ったり墓を作ったりするようなことはなく、そのまま放置するそうです。

⑤トンビン村の古老

五十六歳のテンマウさんも、三十六歳のアシン・ソー・バナ僧もビルマ戦線に関しては間接情報でしかないので、日本兵を直接見かけたことのある老人に会いたい旨を伝えますと、テンマウさんのお父さんの出身地、トンビン村の老人たちに会うようにすすめられました。

午後一時過ぎに車で出発しました。四キロあまり北のトンビン村への道は未舗装でデコボコが多く、道沿いには稲株の残っている田圃が広がっていました。村の中にはマンゴーの木や背の高い椰子やヒーテイ（野生のプラム）等の木が多く、森の中に家が散在している感じでしたが、人口は六百人もいるそうです。もう百年以上も前からある村で、古めかしい高床式の木造の家があちこちにあります。チンドウィン川沿いの村は砂地の上にあり、道は狭くて車では中に入って行けず、途中から歩いて、村人に老人の家を聞きながら進みました。

紹介された老人の家をやっと尋ね当てたのですが、八十八歳の老人は、ボケているので言葉がよく理解できず、会話になりませんでした。次にもう一人の老人、八十二歳のキョー・シエイさんを尋ねました。彼はまだ元気で自分で歩けたし、記憶もしっかりしており、モンさんの通訳で、十一歳頃の状況を聞くことができたのです。

土門周平著「インパール作戦」には次のような記述があります。

〝師団司令部インタンギー。歩兵団司令部モーレイク。歩兵第二百十三連隊モーレイク（モーライク）北方地区。同第二百十四連隊カレミヨウ南方地区〟となっています。

モーレイク北方地区に当たるこの村には、千人くらいの日本軍の兵士が、三年近く駐留していたそうです。その間、日本兵が学校に来て、日本語を教えていたのです。キョーさんは一年間日本語を習ったそうで、「ぼく、わたし、ありがとう」等の言葉をまだ覚えていました。そして、一から十までをビルマ（現ミヤンマー）語と日本語とを対比しながらの覚え方を教えてもらったと、〝テイツがイチ〟、〝ウニツがニー〟、〝トウンがサン〟等のように、リズミカルに十までの数え方を口ずさんでくれました。

日本の兵隊はいろいろなことを教えてくれ、やさしくて親切であったし、よく一緒に遊んでくれたので、少しも怖くなかったそうです。会うといつも笑って頭をなでてくれたので、大変楽しかったと言いました。キョーさんの話す内容は、先に聞いた日本兵の幽霊の話に類似する点があります。あの幽霊の

キョー・シエイ（82）さんへのインタビュー

話は、もしかすると、子どもの頃に日本兵と親しく遊んだことのある、老人たちの昔話であったのかもしれません。

彼は、〝おなや〟と言う親しくしてもらった日本兵の名前をまだ覚えていました。その日本兵は小石を投げ当てる遊びや相撲をしてくれたり、じゃんけんをしたり、夕焼け小焼けの歌を教えてくれたそうです。しかし、どこかへ行ったのかいつの間にかいなくなったと言います。

この村にいた〝ばっち（越智または橋、蜂の記憶違いかも）〟と言う日本兵は、理由を知らないが拳銃で自殺したそうです。その日本兵の生まれ変わりだと言われる村人がいて、戦後、日本軍兵舎の跡地に家を建てて住んでいましたが、数

キョー・シエイさんの家

年前に亡くなっていました。

前記の「実践インパール作戦……」には、次のような記述もあります。

〝困難な転進を終り、去る三月（筆者注一九四四年）の作戦発起時までの警備地であったトンビン（モーライク北方五キロ）の対岸パンザ（チンドウィン河東岸）に到着したのは九月八日ころであった。トンビンに到着できたのは、第五中隊では吉沢軍曹以下九名、機関銃隊では本間伍長以下五名であり、第五中隊はモレーよりの転進間、八月十七日佐藤義次兵長、八月十八日川島三郎上等兵を失ったのである。

トンビンには各隊の残留者、前線への追及者などがおり、顔見知りの住民もわれ我の帰還を温かく迎えてくれた。久しぶりでテッケぶきの兵舎に入り、ドラム缶の風呂にも入り、被服も替えて、生きて帰った喜びをしみじみと噛みしめた〟。

同じ書の中の、第五中隊陸軍伍長中島四郎の手記には次のように記されています。

〝兵隊の体力は極度に衰え、途中でマラリア、脚気、赤痢等の発病者が続出したが、救助の手段がなく、自分を維持するのに全精力を傾ける状況であった。すでに食糧はなくなり、山中の野草を探して食し、飢えを凌いだ。約一ケ月の間、泥道を歩き続けてようやく作戦前の駐屯地パンサの対岸トンビンにたどり着いた。この頃、第五中隊の兵力は吉沢軍曹以下九名となっていた〟。

中略

〝トンビンにおいて体力の回復に努めていた第五中隊は、山田集成中隊の後退直後の十月八日、命により、歩兵第二一三聯隊谷津大尉の指揮する約二十名の集成中隊に加えられ、ヤサギョウにむかった〟、とあります。

キョーさんを囲んで

「西のインパールの方から戻ってきた多くの兵士たちは、川沿いに南の方へ行った。多分、モーライクへ向かったのだろう。この村でも日本の兵士が亡くなっていたが、その後どうなったのか知らないし、

日本軍駐屯地跡

どこかに埋めたとも川に流したとも聞いていない」

キョーさんは、当時のことを思い出しているのか、元気によく話してくれました。そして、しばらく話した後、家族の一人である中年の女性に、日本軍兵舎のあった場所へ案内してやるように指示してくれたのです。

キョー・シエイ老人の家からモーライクの方へ五百メートルほど戻った道沿いの右側に、木製の囲いのある広場がありました。そこが兵舎跡で、その一角には一軒の家があり、日本兵の生まれ変わりの人が住んでいたそうですが、その子孫は村を離れ、いまは空き家になっています。広場の裏手に建てられている高床式の家の前は野菜畑です。その家の中年の婦人が出てきて話すには、戦争のことは何も知らないが、畑を耕していたら、よく銃弾が出てきたので、多分ここは兵器庫の跡地なのだろうと言うことでした。

その後、三〇〇メートルほど田圃の中の小道を東の方へ歩き、川沿いの茂みをかきわけてチンドウィン川に出ました。川下には草の生えた中州があり、対岸には村があります。アシン・ソー・バナ僧は、日本軍は、ここから四キロほど北で渡河したと聞いていると言っていたし、キョー・シエイ老人は、日本軍は村の南で渡河してきたと言っていました。老人によると、二月、三月頃の乾季には、村の南辺のチンドウィン川は、腰下までの水嵩になり、歩いて渡ることができるそうなので、インパール作戦に参加した、第三十三師団（弓兵団）主力は、昭和十九年三月八日にこの近辺で西から東へ渡河したのだと思われます。

トンビン村に二時間余り滞在し、村人たちは親切で、対日感情は悪くはなく、いろいろな情報を得ましたが、日本兵の遺骨はないし、遺体をどこかに埋めたという話もありませんでした。日本軍が駐屯していた当時のビルマの農村を偲ばせる古めかしい、落ち着いた村でしたが、長居する時間がなく、五時前にモーライクの町に戻りました。

川沿いにあるゲストハウス〝ＡＫＺ〟の二階の小さな部屋には、シングルベッドが2台あるだけ。小さなテーブルが一つありますが椅子は無い。三面が板の壁で南の一面にガラス窓があり、そこから見えるのは古めかしい木製の屋根と屋敷に生えている背の高い椰子の木や現地語でメジリと呼ばれるタマリンドの木。何とも殺風景な部屋です。裸電球が一つありますが、電力不足だそうで、午後十時になると消灯されます。部屋はもちろん、町中が暗闇に包まれるのです。夜中には冷えて毛布一枚では寒く、隣のベッドにある毛布をはぎ取って二枚重ね、やっと寝付くことができました。

4 シッタンとヘローの村

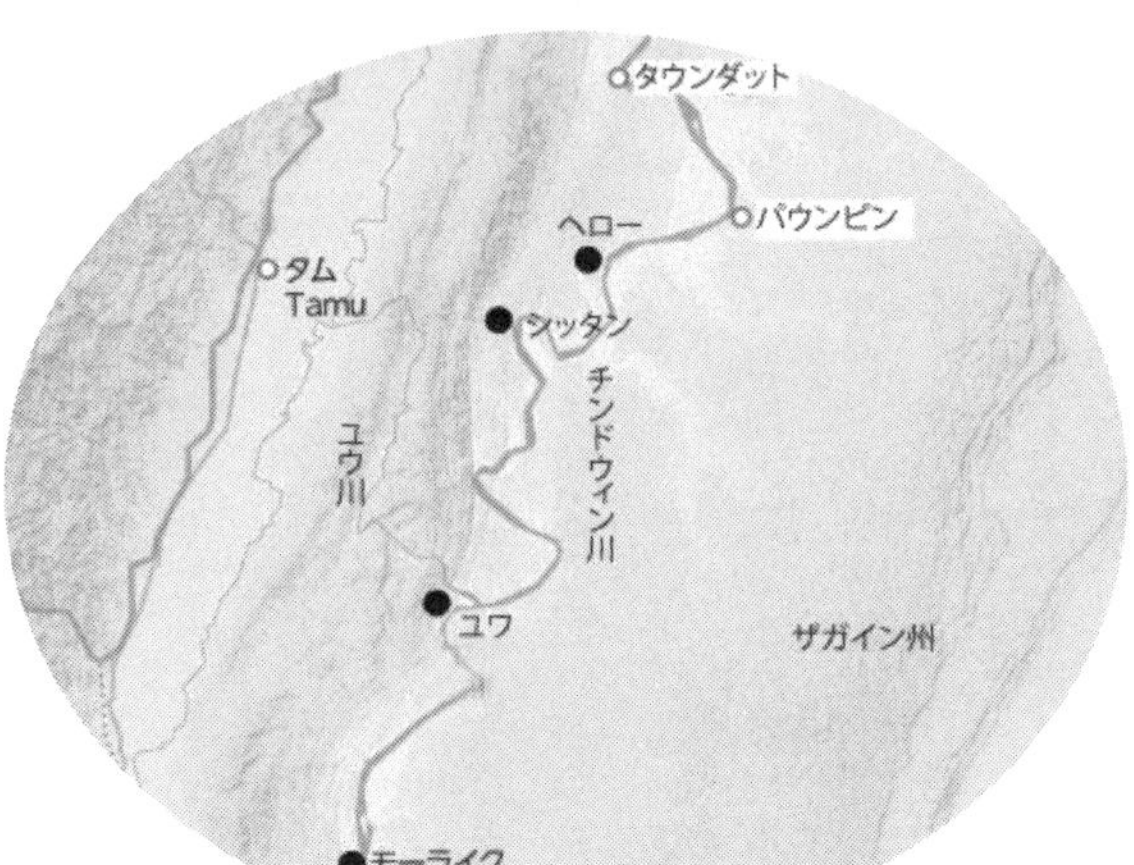

(1)モーライクからシッタンへ

十二月十六日、六時に起床し、近くの朝市へ行きました。朝霧が立ち込め、空気が薄く白濁して視界は良くありません。しかし、人々は霧などものともせず、土の路頭に並べて売る、素朴な朝市は、女性たちのかん高い会話と呼びかけの声がはじけ、活気がありました。

日常生活に必要な、古来変わることのない道沿いの自然発生的な朝市をのんびり見て歩き、七時前に戻ると、ゲストハウスの奥さんが、〝モンバン〟と言う米の粉で作った暖かい蒸しパンをサービスしてくれました。我々は、それを食べながら、近くの茶店でミルクティーと小ぶりのラーメン風スープ麺〝モヒンガー〟で朝食。

モーライクの川沿いの道には、トッコと呼ばれるねむの木科の大木が並んでいます。その道から四、五十段も続く階段を下りて、接岸されている船に乗り込み、七時四十分に出発。朝霧は薄いが視界は良くありません。空には雲が広がり、肌寒い風が流れます。

モーライクから北に向かって四、五キロ進み、八時十分頃には川幅が一キロ以上にも広がり、水深が浅くて川面が波立ち、船長は川面の様子を注意深く見極めながら船を進めます。西側遠くの右岸の林の中にポツリポツリと家が見えます。船長によりますと、私がこの一月に訪れたトンビン村だそうです。そうしますと、一九四四年三月八日に、日本軍の歩兵隊（弓兵団）がモーライクでチンドウィン川を東から西へ渡ったとされている場所は、水深の浅いこの地点ではないだろうか。その思いに駆られて撮影

フェリー発着場対岸の村

しましたが、朝霧で視界が悪く、鮮明には撮れませんでした。

八時二十分、この一月にチンドウィン川を西から東へ渡るために利用した、木材運搬用のフェリーの発着場に通りかかりました。しかし、両岸の様子が一変し、左岸の東側に広がっていた砂床は消えてなくなり、そこに舫われていた、日本軍が使用していたと言われる長さ三十メートルほどの鉄製の船は見えませんでした。その船はエンジンを取り換え、新しく塗装されて今もまだ使用されていました。一度の雨季で、大洪水に見舞われたように川の様子がこんなにも変化することは、日本では想像もできない現象です。

九時には、川幅は五、六百メートルですが、水の流れる川面が微妙に違う所に差し掛かりました。川のやや西寄りに大きな竹の筏が止まっています。四人の男が胸まで浸かって川中に立っています。彼らは、浅い場所に竹竿を立てているのです。水面下の川底は、水の流れによって複雑に変化していますので、水中に立

浅瀬に竹竿を立てる

つ竹竿は、航行する船や筏が浅瀬に乗り上げないための注意信号なのです。

もし、大型の船が浅瀬に乗り上げて動けなくなると、これから乾季に入り、日に日に水量が減り、水深が浅くなるので、次の雨季を待つことになるのです。ですから船長は川面の様子を注意深く見極めると同時に、助手の若い船員が、船の舳先で、長い竹竿を絶えず水中に差し入れて水深を具体的に確かめながら、船長の勘と力を合わせて船を進めているのです。

もう雲や霧は晴れ、青い空が果てしなく続く快晴で、私にとってはのどかな風景が広がって、なんとも楽しい船旅なのですが、水の流れる自然なる川を相手にしている船長たちは、いかに慣れていても、緊張の連続なのです。

九時二十分、左岸の東側にヨーラと呼ばれる小さな支流が流れ込んでいる岸辺に船が止まりました。スクリューの羽が摩耗して推進力が弱くなっているので、ここでスクリューを新しいのに取り換えるそうです。

スクリューの羽の取り換え中

船員たちが水に入って作業をしている間、私たちは岸辺に上がっていました。

このヨーラ川の上流と言わず、この辺の左岸一帯では今も砂金が採取されているそうですが、チンドウィン川の岸辺でも、所々で砂地を掘り返して砂金を採取している人を見かけました。

私は、岸辺を歩きながら、砂金ではなく、旧日本兵の遺骨のかけらでもあるのではないかと思い、目を皿のようにして真剣に骨らしい白い物を探しました。黒褐色、アメ色、灰褐色、黄褐色、黄白色、白色など、いろいろな色をした石ころがあります。いずれの小石も、長い距離を水に流されてきたのか、角は摩耗して丸くなっています。

万を超す日本兵の遺体が、チンドウィン川に流されているそうなので、遺骨の一片でもこの岸に流れ着いてはいないだろうかと思いつつ、川辺の石ころを見ながら百メートルほどゆっくり歩きました。

しかし、珠玉のようなメノーや大理石、ヒスイ、紅

チンドウィン川を下る貨客線

玉、緑泥変岩などが見られましたが、骨のようなものは見られませんでした。もう七十数年も経つと人骨は摩耗して小さな砂になるか、消えてなくなっているのかもしれません。

何となく悲しい思いをしながら、川辺から十メートル近くも高くなっている台地に上がってみますと、砂地の畑にトウモロコシや落花生、小豆、大根などが植えられていました。

畑の端に一軒の高床式の小さな家がありました。近づいてゆきますと犬が吠えかかり驚かされましたが、男が出てきて犬を制してくれました。彼は、タン・ウイーという五十八歳の小男です。それに彼の奥さんのドツーさん、娘のペペー・カインさんも出てきました。

新山さんたちもやって来て、モンさんの通訳で彼らと話すことができたのです。

この辺に家は二軒しかなく、村はここから数キロ離れているそうです。電気もガスも、車や自転車で走れるような道すらない川沿いで、自給自足の生活のよう

ユワ村

です。家の近くには大きな角をした水牛が二頭と鶏が数羽いるだけです。ペペー・カインさんは二十歳だそうですが、小柄で中学生の様な風貌をしています。大人二人も小柄ですが、彼女は多分栄養が十分ではなかったのではないだろうか。

預かっていると言う親戚の子ども二人も出てきて、犬と戯れていました。日本人は初めてだと言う彼らと話しているうちにスクリューの修理が終わり、十時十分にヨーラから出発しました。

川は、やがて進行方向左から右の東へ大きくカーブして岩山に突き当たり、今度は左の西へと進みます。そして、十時二十五分には、西のカボウ谷から流れ出るユウ川との合流地の右岸にあるユワ村に差し掛かりました。

カボウ谷は、チンドウィン川の西に続くミンタミ山系と、インパール東のナガ高地とチンヒルの間にあるパトカイ山脈との間にある南北に長い平地です。インパール作戦において多くの将兵が東から西へと進み、

ユウ川の出口（チンドウイン川との合流地）

そして、敗退に際して、西から東へと後退する途中、多くの将兵が病み、傷つき、飢えて死んだ地域でもあるのです。

ユワ村は、ユウ川出口の南側に広がる平地にあり、北側は砂岩の絶壁になっています。この辺のチンドウィン川の幅は五百メートルほどですが、ユウ川の出口の幅は百メートルもなく、青みを帯びた水の流れはゆるやかで、小さな川船が沢山繋留されていました。

既に紹介した「実践インパール作戦……」には、次のような記述があります。

〝進撃開始にあたり、わが第五中隊は独立してユウ河左岸をモウ対岸（ウイトック東方八キロ）付近に前進し、カボウ谷地へ進出する右突進隊主力の右翼を警戒すべきを命じられた。また第七中隊は斎藤機関銃小隊を配属されて、右突進隊主力とともに前進した。両中隊はそれぞれユワおよびトンビン付近で出陣の準備を完了。

ユウ川出口北の砂地に建つ小屋

中略

三月（筆者注1944年）六日夕刻、警備地パンザを出発した第五中隊は、ユワにおいてチンドウィン河を渡河、さらにユウ河を渡り待機していたが、三月七日十九時行動を起こし、ユウ河左岸の難路を進み、テイロン（ユワ西北十七キロ）を三月七日夜襲して所在の敵を駆逐し、月明を利して更にユウ河左岸地区のジャングルの山径を西進し、ブッタに向かった〟。

体験者たちの手記によりますと、南のパンザやトンビンからこのユワ村を通過してタム、そしてインパールの方へ進軍した部隊があったので、日本人にとっては、初めての所ではないのです。

私はユウ川の河口を通過する時、この川上で多くの将兵が亡くなっていることを偲び、合掌して〝南無阿弥陀仏〟と、念仏を十数回唱えました。

村に立ち寄ることもなく通過しましたが、ココナツ

竹製の大型筏

ヤシやニッパヤシそしてマンゴー等が茂る小さな村は、戦争などとは無関係な、近代文明からも遠く離れ、のどかで平和そうでした。ユウ川の河口から北のチンドウィン川沿いは、広い砂地が続いています。

十一時三十五分、川は再び西（右岸）へ大きくカーブしました。そして、十一時四十七分には、左岸（東）の砂地に沢山の船が停泊しており、乾季用の小屋も多く、竹の筏も沢山組まれていました。

ワと呼ばれる竹は、この辺からも切り出されて筏に組まれ、主にパガンへ運ばれるそうです。パガンには、ワのような肉厚の竹はないのです。ワは、肉厚で中の空洞が小さく、空洞の大きい日本の真竹などより浮力が弱いので、沢山を束にして筏に組み込んでいるのです。この辺からパガンまでは二、三週間、ヤンゴンまでは一カ月以上かかるそうです。

十一時五十七分、川は西に向かっていましたが、やがて東北方向に曲がりました。東側の平地には砂地が広がっていますが、西側には山が迫っています。何と言っても大陸の平地を流れる大川は、流れを絶えずジグザグに変えるので、航行は容易ではありません。

十二時十六分、川が山麓を流れ、右岸の山麓は直接川に触れて、平地がありません。十二時二十一分には、東へ大きくカーブし、その突き当たりの平地には村がありました。その村を過ぎて北へ向かうと、山が徐々に離れました。

左岸には山の見えない平地が続き、右岸の西には遠くに連山を眺めながら、変化の少ない平地をしばらく進みました。そして、二時三十分、右岸の山麓近くにあるシッタンに着きました。

(2) シッタン村の老人

磯部卓男著「インパール作戦（磯部企画）」には、シッタンについて次のように記されています。

〝シッタンはチンドウィン河畔にある重要な渡河点で、第十五軍諸部隊や後送患者の集中で大混乱が予想されるので、軍の戦闘指令所はすみやかにシッタンに移動して強力な統制を行なう必要があった。そのための軍の戦闘指令所は七月二十三日クンタン出発、シッタンに向かった〟。

シッタン村には、この一月にモンさんと訪れ、八十四歳のテイン・マー老人に会って話を聞いていましたので、再度の訪問です。

日本軍駐屯地跡に建てられた学校

船は寺の南の砂浜に乗り上げて接岸しました。我々は下船して、砂に足を取られながら進み、堤の則面にたどり着きました。堤には、戦争当時イギリス軍が日本軍に追われて撤退するとき、戦艦を二隻爆破して川に沈めたそうですが、その小さい方の船のボイラーが引き上げられていました。それは、直径一・五メートル、長さ三メートルほどの大きな鉄の円筒で、かなり大きな船であったことが想像されます。

高さ八メートルほどの堤の坂道を登ったところで迎えてくれたのは、この一月にも案内してくれた、四十三歳のニヤン・トーンさんでした。彼の案内で、まずかつて日本軍が駐屯していた跡地に建てられた寺と学校を見ました。僧侶のいない三角形状で木製の黒っぽい小さな寺も、長さ五十メートルほどの素朴な平屋の学校にも子どもたちがいなくて、何となくさびれた感じがした。二十分もしないうちに切り上げ、長老のテイン・マーさんの家に案内してもらいました。

ニヤン・トーンさんに続いて、高床式の家、ニッパ

テイン・マーさんの家

ハウスの二階に上がりますと、板の間の床に敷かれた寝床に横になっている老人がいました。それは、何と起き上がって座ることもできない、目もよく見えない、会話も困難な、僅か十カ月ほどで様相の変わったテイン・マーさんでした。同じ人とは思えないほど弱弱しい姿で、頭が少々ぼけ、モンさんの通訳で話しかけましたが、なかなか回答が得られず、新山さんたちの取材もうまくいきませんでした。

私は、この一月に、パウンピンで川船をチャーターして、午前八時半に出発し、川下のシッタンに着いたのは午前十一時でした。船から降りて、粘土質の土が干上がった則面を十メートルほど這い上がりますと、川面からは見えませんでしたが、木造の高床式の家が二、三十軒建っていました。集まって来た村人たちに、同行のモンさんが、旧日本軍兵士の遺骨を探しに来た旨を伝え、村の男に案内されたのが、そこから三十メートルほど南の、道沿いに建つテイン・マーさんの家でした。

シッタン村の女性

高床式の大きな家から出てきた老人は、身長が百七十センチほどで、村の中では背が高く、大柄な体格でした。頭に毛糸の帽子を被った骨張った顔にメガネをかけていました。紺色のシャツを着、腰には草色の地味なロンジー（ビルマ族が腰に巻く布）を巻いていました。腰が伸び、しっかりした足取りで歩いてきたのです。

老人は、モンさんが、私が日本から来たことを告げて握手しますと、私の顔を見つめながら、「こんにちは」と言ってにこやかな表情をしました。

この村で生まれ育ったテイン・マーさんは、大変友好的なにこやかな表情で、「まず座りなさい」と、庭の高い椰子の木の下に運び出された丸木の椅子をすすめてくれました。八十四歳だと言う彼は、庭の椅子に座り、左手の人差し指と中指の間に親指大のセーレー（タナの葉で巻いたたばこ）を挟んで、時々吸っては煙を吐きながら、彼が十一歳頃のことを話してくれました。

日本軍は、三、四百メートル離れた対岸のターシ村から小舟でやって来たり、川下の南の方から大きな船で来たりしたそうです。多い時には二千名もの日本兵が駐留しており、彼の家から三百メートルほど南の、今は寺や学校が建っている川沿いに兵舎があったそうです。彼は、そこによく遊びにゆき、日本兵に頭をなでられたり、朝起きたら顔を洗い、歯を磨き、手をよく洗うことなどや、日本語を教えてもらったりしたそうです。今でも、「ありがとう、よろしく、今日は、さようなら」等の日本語を覚えていました。

テイン・マーさん（84）

ここシッタンから西のカボウ谷にあるタム（インパールに最も近いミヤンマー側の国境の町）までは三十マイル（約四十八キロ）ありますが、初めイギリス軍が、ミンタミ山系の山坂を越える細い道を切り開いていましたが、その後やって来た日本軍が道幅を広くして、車が通れるようにしたそうです。しかし、その後は道が壊れ、今では車どころかオートバイすら通れないそうです。それに虎や豹が出没するそうです。

乾季の三月頃、多くの日本兵がここから西のタムの方へ行きましたが、インパール作戦から撤退する雨季の七、八月頃には、タムからこの道を通ってシッタン

シッタン村南の農地

に戻って来たそうです。僅か三、四カ月の間に日本兵の様子は様変わりしており、兵舎だけではなくその辺に沢山の傷病兵が横になっていたそうです。

多くの戦記によりますと、シッタンの野戦病院には沢山の傷病兵が横になっていて、大変悲惨な状況であったとありますが、テイン・マーさんによりますと、野戦病院などなかった、傷病兵は、兵舎周辺に沢山横になっていたと言いました。しかし、その傷病兵たちがその後どうなったかは知らないと言っていました。しかし、本当は死体をチンドウィン川に流していたのです。

その後のことをもっと聞きたくて再度訪ねたのですが、当時のことを知っている唯一人の老人は、痴呆症気味になっていました。

ニヤン・トーンさんによりますと、シッタンからタムへの道を八キロほど西へ行ったカナコビヤン（ビヤン平地）で、三週間ほど前に単発銃が三十七丁も掘りだされたそうです。それらは日本兵の残した銃であったようですが、警察がどこかに持ってゆき、今は村にはないそうです。

私はこの一月、ニヤン・トーンさんの案内で、タムへの旧道を西へ五キロほど歩いて、山の中へ入ったのです。

(3) 山道沿いの盛り土

八十川俊明著「痛恨インパール作戦（叢文社）」には、シッタンについて次のような記述があります。

〝激流の川下りは速く、数時間でシッタンに着いた。真っ暗な泥寧の道を、案内者について歩いて、ローソクの灯った建物に入った。床のギシギシ鳴る急造のバラックで、机、椅子が数脚並んでいる事務室であるが、感慨無量であった。家にはいり雨露を凌ぐのはマンダレー以来、実に六カ月ぶりであった。折田部隊長と脇副官は直ちに軍の戦闘指令所に、山田主計は軍経理部に出向いた。

脇氏の述懐によると、折田部長は軍後方参謀に対して意見具申をした。

「我が部隊は統率されており、いまだ健在である。シッタン－タム間の補給輸送は任せてくれ。ただし、車輌と駄馬を交付してもらいたい。軍は速やかにチンドウィン河を渡って弾薬、糧秣を前送されたい」〟。

中略

〝部隊がシッタンに集結すると、軍からまたまた患者輸送の命令がきた。西方約十キロのピンポンサカンとシッタン間で、それは二、三日で終わった。
一方、軍の要請で菅武徳少尉以下十名ほどが軍へ出向いた。その任務は、夜になるとシッタンの道端やジャングルに座り込んで動かない病兵や哀耗の極にある兵の尻をたたいて、船に乗せることであった。したがって、菅少尉はシッタンで砲声を聞きながら最後の船で、「チ」河を渡ったと述懐している〟、ともありました。

私は、この一月に訪れた時、もしかするとシッタンからタムに向かう山の中に、日本兵の遺骨のかけらでもあるのではないだろうかと思い、ニヤン・トーンさんにお願いして、正午からタムへの旧道を通って、山の中に入ってみることにしたのです。

車が通れるような道のないシッタンは、今では百数十人の小さな村です。村の中央部にある川沿いの三叉路から西のタムへ向かう道を二百メートルも進むと村を出ます。田圃の中の日本軍が拡幅したと言われる道を進みますと、右側の山の斜面に、階段を覆った、古めかしい小さな黒褐色の屋根が蛇の鱗のように、百メートルほど続いた上に金色の仏塔・パコダがありました。これだけ規模の大きなパコダが建立されていることは、七十数年前のシッタンは、今よりかなり大きい村であったのかもしれません。

稲の切り株が残る田圃の中を五百メートルほど進みますと、ここで〝チエンワ〟と呼ばれる竹の多い林に入りました。しばらく行くと進行方向右側の疎林の斜面に、文字の書かれた直径十センチくらい、高さ一メートルほどの木製の円柱が五本立てられていました。

男根のような面白い形をし、緑色や黄金色、黒褐色などに塗られていましたので、ニヤン・トーンさ

シッタンの林の中にあった墓標

んに尋ねますと、数年前に村人を埋めた所だと言いました。五、六メートル斜面を上がって草地に立つ円柱に近づいて見ますと、ミヤンマー語の文字は読めませんが、一つの柱には、2011年とありました。

死者は焼いて捨てるビルマ族なのですが、村人の中にはこうして墓を作る人がいるそうですが、参りに来るようなことはなく、十数年もすると木柱は朽ち、場所が解らなくなるそうです。一般的に村人はここに寄りつかないそうで、ニヤン・トーンさんは上がって来ませんでしたが、私は撮影もさせてもらいました。

そこからさらに進むとやがて山に入り、坂道の両側に竹林が続きます。道沿いのたまり水のあるところには、里芋のように葉が大きくて広いペインという植物が生えていますが、根（芋）は食べられないそうです。日本の琉球（つゆいも）と同じように、茎を汁の中に入れて食べるそうです。

しばらく山道を登った十二時半頃、道の左側の竹林の中に、日本の田舎でよく見かけた土葬のような盛り土がありました。しかもその長さ一メートル、高さ三十センチくらいの盛り土に直径三センチほどの穴が開いています。それを見かけた瞬間、ここで死亡した日本兵が土葬されているのだと思いました。ニヤン・トーンさんにそのことを説明して、近くにあった枯木の棒で掘ろうとしましたが、土が硬くてどうにもなりませんでした。

ニヤン・トーンさんは、虫が作った盛り土だと言って、掘ることを嫌がりましたが、モンさんを通じて何とか協力してくれるように頼みこんで、村に戻って鉄棒と鍬を持ってきてもらうことにしました。村から同行して来た一人の青年に頼んで、その盛り土を掘り起こしてもらいました。四、五十センチも掘り下げると岩盤が出ました。それ以上は掘り下げることはできなかったのですが、遺骨も虫も何も出てきませんでした。

ニヤン・トーンさんは、最初から虫（シロアリのような）が作った盛り土だと言っていました。しかし、私は、日本兵の埋葬地だと言い張って掘ってもらったのですが、現地の彼が正しかったようです。近くにはもう一つの盛り土がありましたが、同じように穴まで開いていました。日本人の私にとっては、五、六十年前の故郷で見た土葬の盛り土にしか見えませんでした。土葬の盛り土は、三、四年もすれば、木棺が朽ちて盛り土がへこんで穴が開きます。今回の踏査旅行で、日本兵の遺骨を一体でも発見できれば、という期待が強かったこともあり、大変な気の高ぶりようだったのです。しかし、それは立ち上がるようなアリ塚ではなく、シロアリのような虫が作った盛り土で、何とも不思議な自然現象に納得のい

盛り上がった土を掘るニヤン・トーンさん

かない思いが残りました。

日本兵の埋葬地だと思って掘ってもらったのですが、何も出てこなかったので、日本軍が拡幅したと言われる山道を更に登り、最初の峠に着きました。モンさんはしんどいのでここで待つとのことなので、私とニヤン・トーンさんの二人で峠を過ぎてさらに進み、小さな谷間まで来ました。広い道はそこで終わり、一枚の板の橋がかかっていました。私たちは橋を渡らず、谷を下の方へ降りました。谷底にオートバイの車輪の跡らしきものがありました。今は、最初の峠から旧道を通らず、谷に下りる道を通るそうで、オートバイが通れる程度の道が続いていました。このまま進むと小さな川を渡って再び山を登り、その山を越すと西のカボウ谷にあるタムの町の方へ出るそうです。村から五、六キロほど進みましたが、道沿いに日本兵の残留品のような物は何もありませんでした。モンさんを峠で待たせていることもあり、これ以上進むと虎などもいるのでニヤン・トーンさんの勧めもあって、途中から引き返しました。村に戻ったのは三時過ぎでした。

私はこの後、西のカボウ谷にあるタムの町へ、白骨街道と呼ばれていた道を探しに行きました。

(4)タムからシッタンへの白骨街道

①タムからシンへ

私は、この一月、フォンピンから搭乗して降り立った、カレーミヨの飛行場でチャーターした車パジェロで、インド東部マニプール州のインパールへ通じる、国際通商路として舗装された近代的な道をハイスピードで走り、約百三十キロ北のタムに着いたのは五時四十分でした。運転手の紹介でホテル、〝ショエ・オアカル〟に泊まることにしたのです。

このホテルは、三階建ての近代的建物で、二〇一二年に建設された、タムでは一番良い新しいホテルだそうです。

翌一月十五日は、午前七時前に起きて、摂氏十数度の肌寒い気温の中、散歩がてらホテルから一キロほど歩いて行き、市場を見物しました。

タムの市場は大きくて物資が豊富で、穀物、野菜、果物、家畜や野獣の肉、魚、花、雑貨類等なんでも豊富にあり、食べ物類も売っているので、早朝から人出が多く活気があります。タムの確かな人口は分からないのですが、市場の規模や人出からすると、少なくても二、三万人は住んでいると思われます。

それにしても多種多様な人がいます。インド東北部でタムに近いマニプール州、ナガランド州、ミゾラ

タムから見るメータミーン山系

ム州等やネパール、そしてミヤンマー西北部の山岳地域から、沢山の人が移入し、どのくらいの数の人が住んでいるのか、まだ住民調査も十分できていないので、正確な人口数は誰にもわからないのです。

カボウ谷西側の山麓にあるタムの町から約四十キロ東には、ミヤンマー語で〝メータミーン〟、英語で〝ミンタミ〟と呼ばれる南北に続く連山が見えます。あまり高い山ではないですが、周囲が南北に広いカボウ谷の平地なので目立っています。その山の東麓には、数日前に訪れたチンドウィン川沿いのシッタン村があるのです。

私は、インパール作戦末期に〝白骨街道〟と呼ばれ、多くの日本兵の遺体があったとされているその山の西麓に行く予定なので、モンさんと運転手に昨夜から道を確認してもらっていました。しかし、詳しい地図はないし、この町の多くの人が外部から来て働いているので、古い地名を知っている人にはなかなか会えませんでした。現に、十数人いるホテルの従業員全員が、タム以外から来ていたのでタムに関することはほとんど知らなかったのです。特に警察官や兵隊、銀行や会社の従業員、バスの従業員等、近代的な仕事の従業員の多くが、タムの生まれ育ちの人ではなく南の方の大きな町から来ていました。チン語を話すチン族の多いタムの町は、まるで、ビルマ族の植民地のようになっていたのです。

私は、タムへは、丸山静雄著「インパール作戦従軍記」に記されている、日本兵が、モレーやタムからシッタンへ敗退した道をたどろうと思ってやってきたのです。

その、彼の従軍記には次のように記述されています。

〝わたしの退却行はチン高地のチャモールからはじまる。ここから山を降りてカボウ谷地に出るまでが第一段階、第二段階は白骨街道といわれたカボウ谷地をチンドウィン河畔のシッタンまで下る道程、第三段階はチンドウィン河を渡り、シュエボに至り、さらにメイミヨウにたどりつくまでである。

中略

しかし英印軍の砲火のなかに雨と飢えにさいなまれつつ最前線にあったのち、カボウ谷地の大河を一つ一つ渡って下ってきたもの自身のかいた敗走記はあまり見当たらない。ここは白骨街道ともいわれ、どれほど多くの将兵が生命を失ったかわからない地域で、白骨街道の恐ろしさを筆にしたものはかなりある。ところが、よく読んでみると、それはだいたいにおいて乾季の進行作戦時か、雨季入り早々の作戦停滞時におけるもので、雨季最盛期（筆者注、七、八月）の敗走時に戦闘部隊にいたものによって書かれたものではない。おそらく数万の者が渡河の凄惨な瞬間を生き抜いてきたはずだが、どうしてそれがないのだろうか。不思議だった。

わたしはいろいろ考えてみた。結局、戦闘部隊はほとんど死んでしまったからではないかと思った〃。

丸山は、タム北西五キロほどにあるモレーからヘシン、ヤナン、山の中のピンポンサカンを越えてシッタンに出ているので、まずヘシンの村を探すことです。

ホテルを午前九時に出発。タムの町から北側の低地に下り、古い高床式のニッパハウス（高床式で、屋根はニッパヤシの葉でふいている）の建ち並ぶ、沿道の人々に尋ねながら旧道のヘシンへの道を探しました。

ヘシン村

何人かに尋ね、やっとのことでシッタンへの旧道（戦時中の道）を捜し当て、家がポツリポツリと散在する田園地帯や荒野を走り、なんとかヘシンの村に着くことができました。

村と言っても椰子やマンゴーの木等が生えている疎林の中に、高床式の古い家が数十軒散在しているだけです。多分、七、八十年前とそんなに変化していないような閑散とした雰囲気で、村人も見えませ

ヘシン川の川床に立つ筆者

んでした。車のメータを見ますと、タムから四十二キロ走っていましたが、途中迷ったので、実数は三十キロくらいでしょう。

車を降りて歩いていますと、道沿いの家の庭で木を切っていた中年の男がいました。彼に、この村に八十歳くらいの老人がいれば会いたい旨を伝えると、近くの老人の家に案内してくれました。

古いニッパハウスから出てきた老人は、七十八歳のメー・ショーさん。彼によりますと、子どもの時、沢山のイギリスや日本の兵隊がこの村を通過するのを見かけたが、この村で戦争はなかったと言います。村の西の方（モレー方面）で飛行機が爆弾を落としたり、大砲の大きな音がしたりしていたのを覚えていました。日本兵が沢山死んだとは聞いたが、死体は見ていないとも言いました。

次に案内されたのは、村の東外れの道沿いにある、近代的な新しい家にいた、八十二歳のトン・ウー老人。彼は身長が百七十五センチほどで、村人のなかでは背の高いおっとりした人。少し老化現象があるのか、十歳頃の記憶があまり鮮明ではなく、日本兵は沢山見かけたが、印象には残っていないと、多くを語ってはくれませんでした。

しかし、過去に多くの日本兵が、この人口二百人ほどの小さな村を、東から西へ、西から東へと、わずか三、四カ月の間に行き来したことは、村人の記憶にもありました。

多くの日本兵が退路において渡河に苦労したと言われる〝ヘシン川〟は、この村から二キロほど東にあるそうです。この村までは、簡易舗装されていましたが、村から東へ一歩出ると、建設されたような道はなく、車の轍のようなデコボコの多い牛車道で、乾いた泥土の白い砂塵を巻き上げ、車体が壊れそうにガクガク揺れながらゆっくり進みました。時に、砂利を満載したトラックの対向車があると、砂塵が舞い上がってしばらく何も見えない状態です。周囲は畑になっていますが、雨季には水底に沈んでしまうのです。

やっとのことで、川幅五、六十メートルのヘシン川（下流でユウ川に合流する）に着きました。しかし、橋がないので、水深三、四十センチでパジェロでは対岸に渡れません。それでも腰の高い砂利運搬用のトラックは渡っています。人やオートバイが渡る板の橋が、三十メートルくらい架っていますので、モンさんと二人で渡りました。

対岸の畑には、採油用の黄色い花をつけた菜種が一面に栽培されています。その向こうはやや高くなり森になっています。この光景は、丸山が描写した情景を思いださせます。

〝ヘシンの川は来る日も、来る日も濁流滔々。河を見ていると、またもや雲の中に爆音が聞こえ、やがて爆音が近づいた。万事休す。ここは開豁地で、遮蔽物がない。見わたすと、昔の橋桁がわずかばかり残っていた。その下に、わたしは駆けこんだ。兵隊が一人寝ていた。偵察機はしばらく上空を旋回していたが、折よく雲が低く、視野が利かなかったせいか、やがて去った。

ホッとして、わたしは傍らの兵隊を見た。おやっ、白骨の兵隊だった。なるほど戦闘帽をかぶり、服を着、手袋をはめ、靴をつけている。しかし、つけているのは白骨だった。

中略

ゆうがた、渡河点に来てみると、もう薄暗がりのなかに兵隊が密集していた。対岸には点々とランプが明滅し、こちら側には裸ローソクがまたたく。小船は、その間を両岸から綱に引かれて静かに往復する。ここでも渡河順の争いで、受付の周囲は殺気立っていた。わたしたちは砂山に腰をおろし、順番を待った。夜気は冷たかった。しかし渡っても渡っても人数は減らず、待っていても、いつ渡れるかわからなかった。すでに部隊としてのまとまりをもつものはすべて下り、一刻も猶予できなかった。わたしは強引に作業部隊長に頼みこみ船に乗せてもらった。

中略

ヘシン渡河点を過ぎて、ふたたび深々とした闇の世界にはいる。森の道はこねまわされ泥田のようで、それがどこまでもつづく。ときどき深い水たまりに飛びこみ、道下に落ちる。前を行くものの荷物に手拭を結び付け、それを握って一歩一歩進む〟。

彼がこのように描写している大きな森が、川から百メートルほど先にあるのです。近くに人家は見えませんでしたが、このヘシン川の畔で、偶然にレーレーと言う二十七歳の女性に会いました。モンさんの通訳で、この辺で日本兵の遺体を見かけたことはないか、日本兵に関することを聞いたことはないか等を尋ねましたが、彼女は、この辺で戦争があったことを知らなかったし、日本兵の遺体などに関することも、多くの日本兵がこの川を苦労して渡ったことなども聞いたことがないと言いました。彼女はこの近くの生まれ育ちだそうですが、日本人を見たことはなかったそうです。若い彼女にとっては、沢山の日本兵がここを通過したことなどは、遥か昔の夢物語で信じられないことでした。

モンさんは川沿いに佇んで、森に入ることを拒んだので、彼女をその場で待たせて、私は一人で砂利トラックが通る坂道を上った。緩やかな坂道を二百メートルほど進むと、段丘の上は平地になっていました。森林の中の道沿いには葉の広いチークのような類似の高木が生えているだけで、日本の森のように多種類の木はないせいか、何となく単純で明るい感じがしました。何か日本兵の遺留品はないだろうかと、眼を皿のようにして、注意深く一キロメートルほど歩きました。それらしき物は何も見かけませんでしたが、一度だけ砂利トラックに出会いました。しかし、オートバイにも人にも出会うことはなく、静かな森の雰囲気にのまれ、一人でいることに何となく不安になって、日本から来たよと言おうとしたのですが、オーイと呼びかけるように大きな声を発しただけでした。そして、よし、もうこれで良いと自分に言い聞かせるように呟いて引き返したのです。

②ユウ川を渡ってヤナンへ

パジェロではヘシン川から東へは行けないことが分かりましたので、仕方なくヘシン村に戻りました。

そして、この辺でも見かけるオートバイなら行けるだろうと思い、モンさんにその旨を伝えました。モンさんは、早速村人たちに話しかけ、オートバイでここから東へ一緒に行ってくれる人を探してくれました。

二十分もしないうちに、エー・ツァン・メーン君がやってきました。三十歳の彼は、少々英語が話せ、ヤナンまでは何度も行ったことがあると言うので、彼のオートバイの後ろに乗せてもらうことにしました。そして、モンさんは、彼に、私が、日本兵の遺骨や遺留品を探しにきている旨を十分に説明してくれました。モンさんと運転手は、私が戻って来るまでこの村で待っていることにして、彼の小さな120CCのオートバイの後ろに、ヘルメットを被ってまたがり、直ぐに出発したのです。

エー・ツァン・メーン君（30）

ヘシン川を渡り、先ほど訪れた台地になっている森の中を四、五キロメートル走ると、下り坂になり、再び平地が開けていました。木は生えていませんが葦や大きな萱が生えている、雨季には水没して川底になる平地を、四、五百メートル走りますと、幅百メートル以上もある大きなユウ川に出ました。この川にも橋がなく、水深が七、八十センチメートルもあるので、トラックでも対岸に渡ることはできません。

ユウ川（下流のユワ村でチンドウィン川に合流する）の広い川床では、大きな機械を導入して砂利を採取しており、道はよくないのですが、トラックはここまでは来ています。ヘシン川からユウ川までは約六キロの距離。この二つの川の間の台地になっている所が森林地帯で、雨季でも水につかることはないそうです。しかし、ユウ川の両側にある低地の平原部分は、雨季には水に浸かるので、最盛期の川幅は二キロにもなるのです。

オートバイや人が渡るための、厚い木の板を敷いた幅約五十センチの橋が、長さ百数十メートルほどかかっています。メーン君がオートバイで先に渡り、私はその後歩いて渡りました。乾季でもかなりの水量で、透明な水の流れはかなり早く、川床の礫がはっきり見えます。魚がいるそうですが、歩きながら川面を見下ろしている間には魚形を見ることはできませんでした。今の川筋は幅百メートルくらいなのですが、雨季にはこの何倍、何十倍にもなるのです。

丸山の従軍記には、雨季のユウ川について次のように記しています。

〝これまでのロクチャオ河は乾季には自動車道となっていたが、ヤナンで渡らなければならないのはユウ河で、これは乾季でも堂々たる大河である（ロクチャオ河はユウ河に流れこみ、ユウ河はチンドウィン河にそそぐ）。

中略

とにかくヤナンを渡ること、ヤナンへ、ヤナンへと兵隊たちはいそぐ。渡河点近くに来てみると、早くも、ここも兵隊でいっぱいだった。兵隊の間をすり抜けてゆくと、低地帯に出た。水びたしだった。森の黒さ、空のほの明るさがかすかに識別できるだけで、あとは一面白っぽい水だった。早く渡

乾季のユウ川

ユウ川の岸辺に立つ筆者

河点について渡河の申し込みをすまさなければならない。わたしたちは荷物を頭に乗せて水のなかを進んだ。

中略

ようやく水の世界を抜けると、葦に囲まれた泥濘地帯があった。夜はほのぼのと明けた。泥濘は足と靴を吸いつけるようにねばった。のめるように一歩一歩足を抜いてゆくと、葦が切れてヤナンの河畔に出た。めざすヤナン渡河点である。ここもまた滔々たる濁流、モレー、ヘシンとは比較にならぬ大河である。

中略

夜十一時には渡河がはじまると、どこからともなく伝わってきた。十時、森のなかを出発して水と泥濘の中を泳ぐようにして再び渡河点に戻った。早くも渡河点は船を待つ兵隊で埋まり、篠つく豪雨の中に喧噪を極めた。ようやく、わたしは部隊のなかに入れてもらって河を渡った〟。

ヤナン村

ヤナンのユウ川を渡り切った段丘の上には葦が茂り、五、六十メートル先には、大きなニセアカシアの木が三本並んでいる他は、灌木や雑草が生える平原が続いています。その向こうに北から続くメータミーン（ミンタミ）連山が見えます。

インパール作戦当時の丸山は、イギリス軍の追撃を警戒して夜行軍であったので、乾季で昼間の光景は見ていません。多分、雨季の夜は想像を絶するような過酷な退却行であったのでしょう。

このユウ川から東へは、現在は車が入れないので、オートバイの通れるような道が荒野に続いています。しかし、途中から小石を敷き詰めた旧道の一部が残っていました。川から二、三キロ走ると、ヤナン（イエナン）の村がありました。五、六メートル高くなった段丘の上の疎林の中に、ニッパハウスが二十軒ほどポツリポツリと散在する小さな村で、百年前と同じような、文明的な色のない、素朴で静かなたたずまいです。

村の中央にある広場の横でオートバイを止めて周囲を見渡していますと、中年の男が近付いてきました。メーン君が話しかけ、私が日本人であることを伝え、この辺で日本軍にかかわる物は何か残っていないか、戦争当時のことを知っている老人はいないか等を尋ねてもらいました。

すると、彼は広場の方を指し、今は何も残っていないが、この広場に日本軍の兵舎があったと言いました。この村には当時の日本軍について知っているような高齢の老人はいないそうだし、残留品のようなものは見かけたことがないと言いました。

メーン君とはこの村までの約束で来たのですが、現地の男によりますと、ここからシッタンへ行く旧道が今も残っているし、オートバイでならその山道を上がっていけるそうです。ここまで来たのだから、何としても白骨街道と呼ばれたその山道を少しでも登ってみたいと思い、モンさんの説明を聞いてるメーン君に無理を承知でお願いしました。しばらく考えていた彼が、にこりと笑って同意してくれましたので、引き続き彼のオートバイで山道に乗り入れることになったのです。

③死体が横たわっていた山道

ヤナンの村から続いている、半分以上も崩れかけている旧道を約一キロ東へ進みますと、山麓に入りました。山林の中に続く坂道は、戦後は一度も修復したことがないようで、路面はあれ、崩れかけていました。何よりジグザグに上る路面が悪く、一人でも大変なのに二人乗りなので、喘ぎ喘ぎ登ります。メーン君がやめてしまうのではないかと心配しつつ、緊張して彼の後ろに強く寄り添って、少しでも登りやすくなるように心がけました。

ヤナンから見るメータミーン山系

戦時中の軍用道路として建設された山道は、坂の急な所には小石を敷き詰めて滑らないようにしていたり、石垣を作って土の流失を防いでいたりと、今でもしっかり原形をとどめている所があります。しかし、大半は路面の土が流失して深くえぐれていたり、半分も残っていないような所があったり、オートバイで走りあがるのも大変です。時には緩やかで平地のような所もありますが、大半は坂道です。両側に木が生い茂る静かな林道を、オートバイにも人にも行き交うことはなく、ボコボコボコと苦しげなエンジン音を響かせて、まだかまだかと言いたげにあえぎながら上がりました。丸山の従軍記には、この山道を次のように記されています。

〝ここからシッタンまでは八十キロ（筆者注、モレーから約五十キロ）近くもあろう。せめて、その中間のピンポンサカンまでは今日中に着かないと危険だと思った。汚れたシャツを脱ぎ捨て、最後に

ヤナンの駐屯地跡

とっておいたシャツに着替える。朝六時半、わたしは身一つでヤナンを出発した。

ヤナンを過ぎると、道はジグザグの上り坂に移る。カボウ谷地を下って来た兵隊たちは渡河点で次々に「整理」され、ここまで来ると、兵隊の数は少なく、わたしの前後には二、三人づれで歩く病兵の姿しかなかった。山は高く、谷は深く鬱蒼と暗い森林が山腹を包んでいた。

ここでも山道には点々と死体が横たわっていた。そのなかに、まる裸で仰向けに倒れている兵隊がいた。はじめ、わたしは女兵かと思った。男性の特徴がなかったからである。しかし、女兵がいるはずはない。近づいてみると、やはり男性だった。極度の衰弱で委縮してしまったようである。死体には蠅もついていないので死んで間もないことが分かった。そうすると、なにか身につけているはずで、全裸というのはおかしい。おそらく、あとから来た兵隊が死体から着衣や靴をはぎとったのであろう〟。

原形をとどめた軍用道路

丸山の著書に、この山道沿いに多くの死体があったと記されていましたので、もしかすると、まだ遺体がそのまま残っているのでは、何か遺留品があるのではないだろうかと、既に七十二年も過ぎているのに、今まで長い間危険地帯とされ、外国人の立ち入りが禁じられていたので、戦後ここまで来た日本人はいなかったのではないかと思い、淡い夢のような一類の期待があったのです。

喘ぎ喘ぎゆっくり登るオートバイの後部席に座って、振り落とされないように彼の両肩にしっかりつかまり、眼を見開いて道の両側を注意深く見つめました。それらしき物はなかったのですが、三、四キロも登った山中で、上の方から不思議なエンジン音が近づいてきました。大きな木が倒れかけて道が狭くなっている所で出会ったのは、何と切った木材を山から運び出す専用の、見るからに頑丈そうな、道なきところでも進めそうな特性の小型三輪車でした。私は、こんなところでエンジン付きの三輪車に出く

木材運搬用三輪車

わしたのに驚かされましたが、三輪車で降りて来た人たちの方が、こんな深い山中で坂を上って来たオートバイを見かけたので一層驚いていたようです。

三輪車の荷台に積んだ木材の上には三人の男が座っていました。その中の一人が、なんとメーン君の長兄であったのです。彼は猟師で、鉄砲をかついでこの辺の山をよく歩いているそうです。兄弟が全く偶然の出会いで、お互いに驚いていました。メーン君は、彼らに私が日本人であることを紹介してくれました。

メーン君は、モンさんに現地語での説明を受け、私が何のためにこんな僻地の山中にまで来ているのか、その理由を知っているので、三十代中ほどの兄に説明し、いろいろと尋ねてくれました。

彼は、この辺で日本兵の遺体を見かけたことはないそうです。この道はシッタンまで続いているが、道沿いには遺留品はない。山の中はひどく茂っているので、林の中に入って行くことはなかったろう。

最初の峠でオートバイを止めたメーン君

シッタンに向かった日本兵は、この道以外を通ることはできなかったはずだとも言いました。他の男たちも、木を切り倒して運び出す山男たちですが、日本兵の遺体を見かけたことはないそうです。

丸山の手記が正しければ、この山道沿いには多くの兵士が倒れていたはずですが、もう七十二年も経過していますので、風化したか、通行する現地の人々に捨てられたかして、今では道沿いには何も残っていないようです。

二十分ほど話し、彼らは下って行き、私たちは更に二キロくらい上がって、山の一つの尾根に着きました。周囲には広葉樹が茂り、雌竹のような〝ワ〟と呼ばれる竹が生えていました。

ここまでには旧日本兵にまつわるものは何も見かけませんでした。道は流失がひどく、倒木などもあり、オートバイでも容易ではなかったのですが、私がもう少し、もう少しとしつこく頼んだので、メーン君が何とかこんな高いところまで連れてきてくれたのです。

尾根の東側にはまだ高い山がありました。彼は、あの山を越すとシッタンの方へ下りますが、もうこれ以上は行けないと、オートバイを下りの方へ向けてしまったのです。

丸山の著書には、この後の様子を次のように記しています。

〝坂をのぼりつめたあたりから道は泥濘と変わった。泥は飴のようにねばり、靴について離れず、一度踏みこむと、足を抜くことができなかった。

中略

辛うじて泥濘地帯を抜けたが、夜に入って道は真っ暗となり、さらに雨が加わった。道はそのまま川となっていた。両側の森を討つ雨の音と、道を押し流す洪水。行けども行けども深沈たる闇の世界。どこかに民家でもと思うが、民家も部落もなく、どこに消えたのか、もはや兵隊の姿もなかった。この付近は虎や豹が出没するところとして知られていたが、動物の気配すらなかった。まさに天涯孤独、文字どうりの孤立無援である。

中略

ようやく、わたしはピンポンサカンの工兵隊司令部の門にたどり着いた。しかし宿舎は、そこから三十メートルほど階段を下らなければならなかった。

中略

一日、休んで、翌日、わたしは宿舎を出た。尾根道は一段下って山の中腹をぬうようにつづく。谷は深く、黒々と大樹におおわれ、巨大な岩石が転がる。暑い。あたりは死のような静けさ。前後を行くのは亡者のような兵隊の姿。それが思いつめたような表情でシッタンをめざす。シッタンはチンドウィン河の渡河点。そこで船に乗れば最後の難関も突破できる。シッタンへ、シッタンへ、みんな行く、みんな下る。

しばらく行くと、急に山が切れ、目の前に大樹海がひらけた。一望千里、見はるかす樹の海である(私は三日前の一月十二日の正午過ぎに、この峠と思われるところに立って東を眺めた)。その樹海の彼方に白濁色の一線があった。一筋、黒縁のなかに灰色に鈍く光る。そこだけが浮き上がって、長く、遠くつづく。わたしは目をこらした。「チンドウィン河ではないか」。

中略

そのとき、「チンドウィン河だ」 ―うわずった兵隊の声が上がった。亡者があわただしく寄ってきた。だれもが白く浮き上った一線にくい入るように目をやった。助かった。河だ、チンドウィン河である。これで生きて帰れる―そうした思いで、いつまでも河を見つづけていた〟。

丸山は、このように大変な難行苦行を経てシッタンにたどり着き、無事に帰国し、「インパール作戦従軍記」を出版したのです。

メーン君の小さなオートバイで、一つの尾根の峠まで上がって来た私は、七十二年前に日本兵たちが苦労して歩いたこんなところまできたので、少しでも自分の足で歩いてみようと思い、峠からしばらくの間歩いて下ることにしました。

私は、歩きながら道の両側を注意深く見ました。オートバイの後ろからでは見かけることができなかった細かいものがあるのではないだろうかと、期待しながら二キロほど歩きました。山を切り開いて掘りぬきのようになった広場の草むらの中に、〝ＵＳＡ〟と表記のある、小型の壊れた古いガソリンタンクが一つ転がっていました。

USAと表記されたガソリンタンク

一九四三年頃には、インド東北部のアッサム州北東部で、アメリカ軍が、蒋介石率いる重慶軍の兵士を訓練していたのです。一九四四年七月に日本軍がインパール作戦に失敗して撤退を始めると同時に、英米中（蒋介石軍）連合軍がアッサムの方から雪崩を打つように襲って来たそうですが、敗退する日本軍の後を追って、アメリカ軍もここまで来たことの証拠品のようなものです。旧日本軍に関する物は何も探せませんでした。しかし、当時のものかどうかの確認はできないのですが、このガソリンタンクを撮影しますと、なんだか戦利品を得たような不思議な感情がこみ上げてきました。

もうずいぶん時間が過ぎていましたので、メーン君に強いられてオートバイに乗りました。そして、この山道には白骨化した遺体や残留品等がないことの確認ができたような、晴れ晴れとした気持ちで、彼の運転するオートバイの後ろで揺られながら坂道を下り、平地を走り、午後二時過ぎにヘシンの村に無事戻ってきました。

(5) 遺体を川に流したヘロー村

シッタン村の寺の後ろには、西のミンタミ山系から流れ出る小川があります。幅十数メートル、深さ十メートル近くも浸食したU字型の渓谷に、頑丈そうな木製の橋がかかっています。橋から見下ろすと、澄みきった清流で飲めそうですが、この辺の水には雑菌が多く、アメーバ赤痢になったり、慣れない日本人が飲むと下痢をしたりするのです。

日本軍の司令部があった駐屯地跡に建つ寺の周囲を歩いて見ましたが、草が茂っているだけで何も探しだすことはできませんでした。シッタンに長居することなく、次の村ヘローに向かって三時半に出発しました。

左岸は平地で山が見えませんが、右岸の西側にはミンタミ山系が続いており、それが近くなったり遠くなったりします。

シッタンから十五分くらい進んだ川上の、川が西から東へ曲がった右岸の丘近くに、この一月に訪れた時にはあった村が無くなっていました。そこは白い砂地が広がっているだけで、一度の雨季を越した

乾季の川床を耕すヘローの農民

だけの十カ月前とは様相が激変していました。

川幅は狭くなったり広くなったりと変化が激しく、流れも速かったり、ゆるやかであったりします。行けども行けども水の流れはつきることなく、岸辺の風景は様々に変化して見飽きることはありませんが、こんな大きな川のない日本で育った私には、海を航行しているような錯覚すら覚えます。

川の岸辺は砂地であったり、五、六メートルも高い堆積土の垂直な壁になっていたり、三、四メートルも高い中州であったりと様々です。川筋の変化も激しいし、流木や浅瀬が多いので、舳先で棒を水中に刺しながら見張るのは、大変に苦労が多く、責任の重いことです。

川の流れは分岐していますが、蛇行が激しく、川筋は曲がりくねっていますので航行距離が延び、直線距離は近くても、なかなか時間がかかります。

この辺のチンドウィン川は、水の流れる幅が五百から千メートルもありますが、幅百から二百メートルくらいに分かれた水の流れは蛇行し、浅瀬になっていたり、中州ができていたりと、川筋が複雑なのですが、それでも長さ五、六十メートル、幅五、六メートルもある大きな運搬船や貨客船が航行しています。

やがて、両岸が平地で、川が東から西へ曲がって間もなく、右岸にヘローの船着き場があり、四時二十分に着きました。

船着き場から砂地の斜面を二百メートルほど歩いて上がると、広い平地になっていました。ここは雨季には水没しますが、今は村の耕作地で、落花生が栽培されています。その畑の中の道をまっすぐ三百メートルも進むと、更に十メートルほど高くなって、ヤシやマンゴー、バナナやコックベン等の木が多い林の中に家が建っていました。

ウーターン・マウンさん（87）

斜めに付いた道を上がり切ったところに、木製の黒っぽい寺がありました。そこから南北に道があり、それに沿って家が立ち並んでいます。ここがヘロー村ですが、我々全員が初めてなので様子が解らず、寺の向かいにあった雑貨屋で、モンさんが、村の長老について尋ねました。対応してくれた若い女性が、北の方を指差して教えてくれました。

ヘロー村の女性

　寺から二百メートルほど川上の方へ歩きますと、道の左側に大きな高床式の家があり、モンさんが呼びかけますと、小柄な老人が出てきました。頭は禿げていますが、目に力のある、しっかりした表情の、日本のどこにでもいそうな老人は、にこやかに手を差しのべてきました。モンさんとチョーさんが、日本から来た旨を伝え、いろいろ説明してくれましたので、老人は、当時のことを話してくれることになりました。

　この村の長老、ウーターン・マウンさんは八十七歳。インパール作戦当時は十五歳で、当時のことはよく覚えていました。

　日本軍がインパール作戦を開始し、チンドウィン川を渡って西に向かう時には、このヘロー村は通りませんでしたが、撤退時、シッタン村をイギリス空軍がしつこく爆撃し、チンドウィン川を東へ渡ることが困難であったため、多くの兵士が約二十キロ川上のヘロー村に来て、東の対岸へ渡ったのです。しかし、やがてイギリス軍の知るところとなって、この村も激しく爆撃されるようになったのです。そのため村人たちは、遠くの山の中に逃げていたのです。

八十川さんの著書には、〝その後、部隊は北方三～五キロのアローとヘロー付近に待機してチンドウィン河を渡河せよとの命令により、また引き返してジャングルの中に露営して渡河をまった〟、とあります。

戦争が終わって村に帰ってみると、家は爆破され、沢山の日本兵が、いたるところで死んでいたそうです。村人たちは、死体を見つけ次第チンドウィン川に投げ入れて流したそうです。

今は乾季で、川は村から東の方へ四、五百メートルも離れたところを流れていますが、当時は雨季で、川幅は広がり、村のすぐそばを流れていましたので、村人たちは、何のこだわりもなく、死体をゴミや遺物として次から次へと川に投げ込んだそうです。

当時の村は今よりも小さく、家は八十軒しかなく、人口は数百人であったそうですが、その後人口が増え、今では三百軒で、千五百人もの大きな村になっているそうです。

戦争当時のことを知っている村人はもう殆んどいなくなり、若い世代の人は何も知らないそうです。私たちが話を聞いているうちに、日本人が来たと言うことで、村人が集まって来ましたが、老人の話を聞いて、信じられないと言いたげな驚きの表情で私たちを見ていました。

日本人がインパール作戦などと呼ぶ戦争は、もうはるか昔の出来事ですが、老人はまだよく記憶していました。しかし、彼にとっては僅か二、三カ月の突発的な出来事であったようで、事件の理由や内容、そしてその後のことがよくわからず、まるで夢のようで、信じられないことだと言っていました。

私たちが話を聞いてる近くで数頭の牛が飼葉の草をはみ、山羊が鳴き、鶏が十数羽のひよこを連れて

雨季には川底になるヘロー村の農耕地

コッココッコと鳴き、子どもたちが戯れて走りまわり、女性たちが興味ありげに見つめ、二階から娘が不思議そうに見つめており、何とも素朴な雰囲気で、戦争のことなど思い出させることは気の毒です。何より時間の都合上長居ができず、ウーターン老人に礼を述べ、村人たちに別れを告げました。

村を出てもと来た道を引き返しましたが、ヘロー村の乾季だけ農耕地になっている川床は広く、今を盛りと耕作しており、白いこぶ牛に犂を引かせている光景が、夕陽を浴びて、豊かで平和な村を象徴しているようでした。

五時二分にヘローを出発し、川上にある今夜の宿泊地パウンピンに向かいました。五時二十分頃には真っ赤な夕陽が川面に映え、二十五分には山に日が沈み、西空一面が染まり、美しい夕焼けになりました。こんな夕焼けを見た兵士たちは、きっと故郷を思い出し、童謡の、夕焼け小焼けで日が暮れて、などを口ずさんだのでしょう。

五時五十分には暗くなり、船はサーチライトを灯し、浅瀬や流木などに警戒しながらの航行でしたが、何とか六時十七分にはパウンピンに無事着くことができました。

暗い岸の斜面を手探りで上がり、この町では一番良いとされている〝チヤン・ミエン・ウー〟と呼ばれるゲストハウスに着きました。私は、この一月にもここに泊まったのですが、日本では見かけることのできない素朴な宿泊所でした。ところが、隣の庭に新築したばかりの家が建っており、モダンな部屋が四つできていました。私は庭から鉄の階段を上がり、二階の四号室に案内されました。ツインベッドで、トイレ、シャワー付きですが、お湯が少ししか出ません。それに電気は十時に消えます。

大変素朴ですが、この辺の町や村には宿泊所がないので、ここに三泊して、この慰霊旅行で最も大事なタウンダットやトンへ、タナンの村を訪ねるのです。

5 タウンダットとトンヘの村

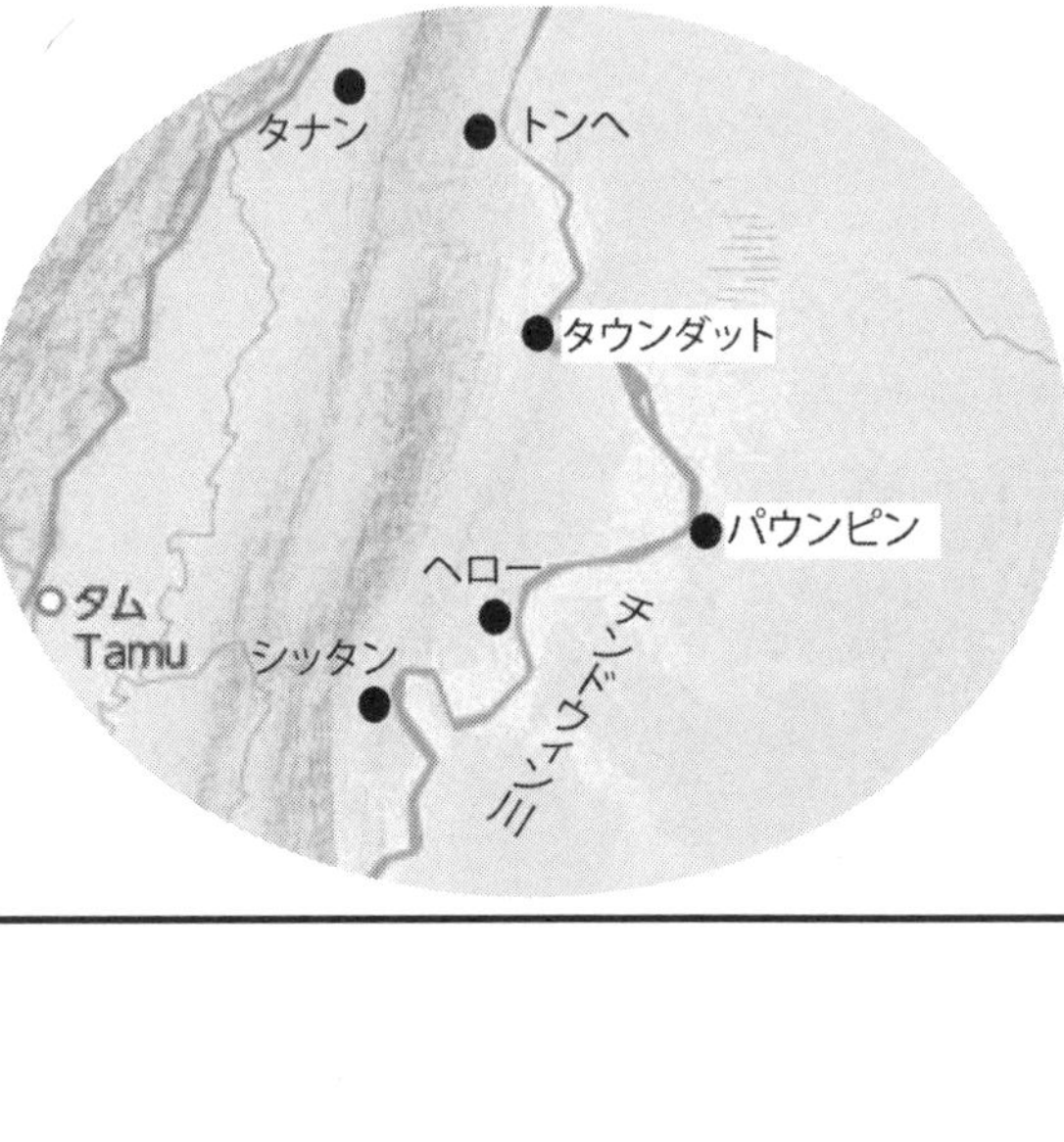

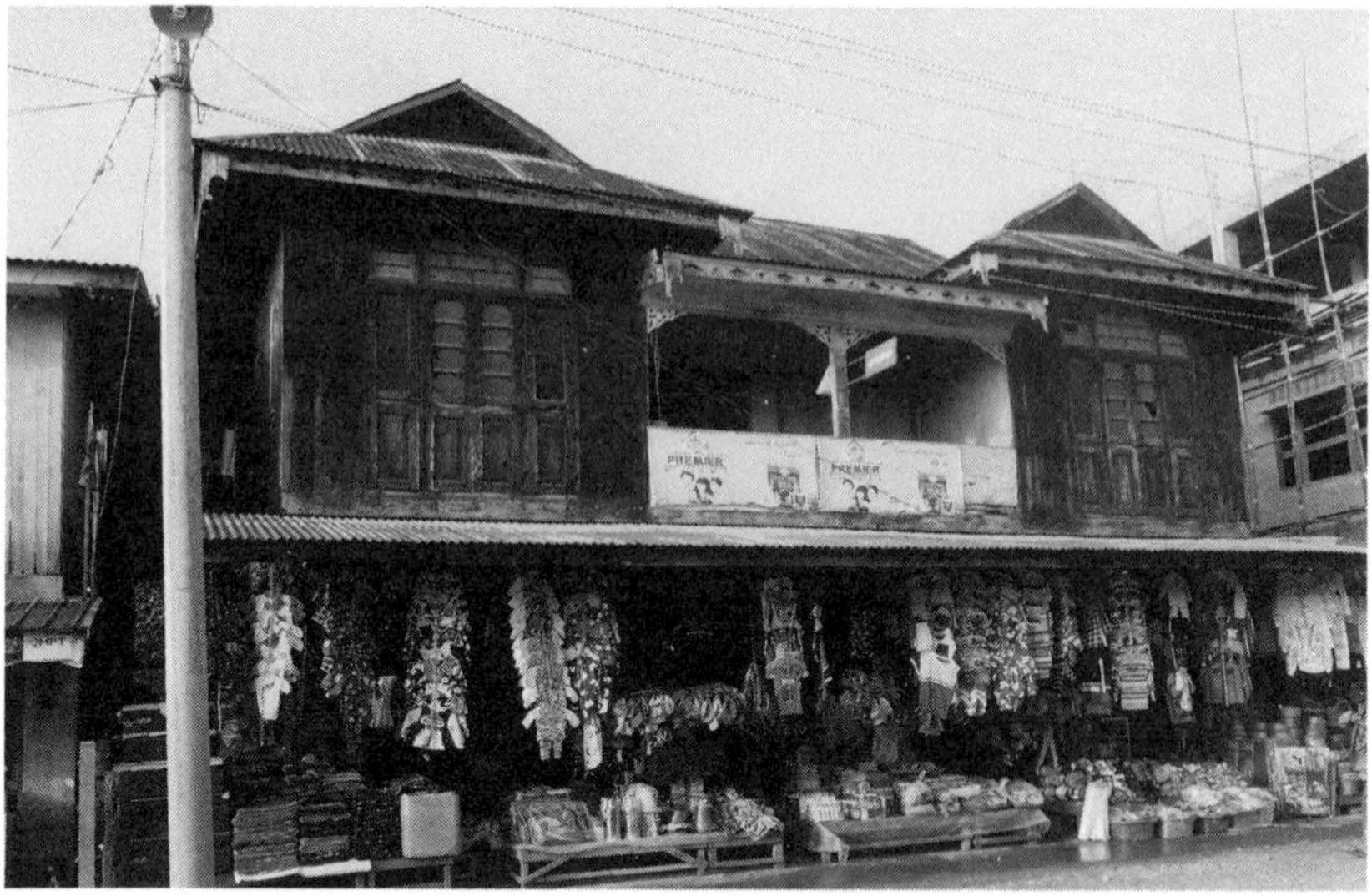
パウンピンの古い商家

(1)藩王の村タウンダット

十二月十七日朝六時、トタン板を叩く雨音で目が覚めました。雨音にしてはおかしいなと思い、扉を開けて二階の廊下に出て見ますと、一面濃霧に包まれていました。ポタポタとトタン屋根に響くのは、雨音ではなく、濃霧が屋根について水滴となって落ちる音でした。

七時頃までは霧が深くて十メートル先が見えない状態で、音もなく全てが静止状態でしたが、トタン屋根に響くリズミカルな音だけが時の流れを刻んでいました。

今日は、パウンピンから二十キロ川上のタウンダットに行く予定で、今夜もここに泊まるので、身軽な装備で出かけることにし、カメラは首から吊ることにしました。

八時にゲストハウスを出る頃には霧がだいぶ薄くな

朝の托鉢

り、五、六十メートル先が見えるようになりました。ゲストハウスの前に続く川沿いの道を進んでいますと、朝の托鉢に出て街を歩く、赤褐色の布をまとった僧の集団に会いました。道沿いの店はもう開いており、ミャンマー風喫茶店や小間物屋、それに果物や揚げパンを売る店などがあり、僧に寄進している人たちもいました。

船着き場の方へ三百メートルほど歩き、道沿いの茶店のような素朴な食堂に入りました。広くて開放的な部屋には木製のテーブルや椅子が乱雑に置いてあり、五、六組の客がいてにぎやかに会話しています。私たち6人もまとまって座り、まず、いつものように濃い目のミルクティーを頼みました。食べ物は、チョーさんの勧めもあって、われわれ日本人は、薄味のシャン、カウソエと呼ばれるシャン族風のビーフン料理を頼みました。朝食はたいてい米粉で作るビーフン料理を食べます。モヒンガーはラーメンのようですが、シャン、カウソエはどちらかと言えば関西風汁うどんで、四国出身の私には口にあっています。ラペエイと呼ばれるミルクテイーは、日本では味わえない独特な味で、どちらかと言えば、インドの濃いミルクテイーに似ていますが、私たちは、好んで毎朝飲んでいます。

八時を過ぎますと霧が徐々に晴れました。食堂近くの川岸に停泊していましたヤラナピヨウ号に乗り込み、八時四十分にパウンピンを出発しました。

九時過ぎには霧が晴れ周囲がよく見えるようになり、九時十二分には左岸の平地に村が見えました。女性たちが三、四人洗濯をしているようだし、十人ほどの子どもたちが川岸の砂地でボールを蹴って遊んでいました。

空は晴れ、風もない穏やかな川面を進んでいますと、九時三十分頃左岸に大きな三角州が見えてきましたので、私はいつものように、客室上の鉄板屋根によじ上ろうと、舷側の鉄柵を踏ん張って身を延ばした時、屋根の側面にしつらえていた鉄柵に、首に吊るしていたカメラをもろにぶつけてしまいました。屋根に上がってカメラを作動させてみますと、どうもレンズをぶっつけたようで、ズームレンズが動かないし、シャッターが機能しません。これは三年前に新しく買ったニコンのＣＯＯＬＰＩＸＰ６００。こんなこともあろうかと予備用に小型のニコンＣＯＯＬＰＩＸを持っていましたので、これからはこれを使うことにしました。

私は、これまで四十年近くもＰＥＮＴＡＸ一眼レフを三台も使い古してアジア各地の民族を撮影してきましたが、カメラが重く感じられるようになったし、フイルムを何十本も使用して不便を感じていましたので、初めてデジタルカメラに買い替えていたのです。ときどき電池切れで困りましたが、デジタルカメラの方がはるかに便利で愛用していたのですが、仕方ありません。

三角州の耕作地

屋根上の後ろの方の高くなっている所に座って、いつものように周囲を眺めながらメモを取るのです。左岸の三角州は耕作地になっており、畑が広がっています。その平地に四方に広がった大きな木が一本立っています。何とも立派で美しいので撮影しました。

三角州の川岸の六メートル以上も高い断面がはっきり見えます。断面が各層になっていますが、一メートル近くの厚さもあります。一番下の水辺は黒褐色、中間は灰褐色や黄褐色。そして上層には草が生えていたり、水気があるのか黒ずんでいたりする所もあります。所によっては木の根がタコの足のように現れていたり、断面が崩れて大木が川辺に横に倒れていたりもします。この三角州は雨季には水没するのです。

三角州を過ぎると左岸の東側は二、三十メートルもの高い絶壁になっています。そして、川上に進めば進むほど高くなり、九時三十七分には、右岸の西側は十メートルくらいですが、左岸の東側は、七、八十メートルも高い赤黄色の壁になっています。砂が堆積した

タウンダットの標示

壁面の色は鮮やかな赤黄や黄褐色で、私がオーストラリアで見たことのあるボーキサイトの色によく似ています。その壁が垂直になっている所や、壁面が崩れて砂が川に流れ落ちている所もあります。二キロくらい続いた色鮮やかな高い断面が何故にできたのかわかりませんが、大陸の大川の両側には時々不思議な光景が見られます。

そこを過ぎますと左岸は平地になり、右岸の西側はやや高くなっています。そして九時五十八分にはタウンダットの村に着きました。着きましたと言っても川岸には何もありません。長い客船と小船が一艘接岸しているだけで、殺風景な岸辺です。我々の船はそこの砂地に乗り上げて停泊したのです。

私たちは、川辺の砂地に降り立ちました。砂地から斜めに二十メートルも高くなっている上の林の中に数軒の家が見えます。岸の斜面についているコンクリート製の階段を一歩一歩と上がりますと、まずミヤンマー語の大きな標識が目につきました。私には読めませんが〝タウンダット〟と表記しているのだそうです。

下の川面からは見えませんでしたが、標識の立っている広場の近辺に家があり、商店もあります。これまでの村とは少し違い、やや町に近いような雰囲気です。ここタウンダットは、ビルマ王国時代には、藩王が居た村であったのです。

ミヤンマーは、一八八五年まではマンダレーを王都とするビルマ族中心の王国で、各地方にはそれぞれ藩王が居たのです。タウンダットは、川下はシッタンの辺まで、川上はトンへまでを範中にしていた藩王の居住地で、この辺では最も古い大きな村であったのです。

二〇〇年以上も前から藩王が居た村で、インパール作戦中は、多くの日本兵が通過したり駐屯したりしていたと聞いていましたので、どのような村なのか期待していましたが、文明的な雰囲気のない、静かで古風な村です。川から上がった所にある広場近辺にはコンクリートの三階以上の建物は見えません。殆どが木製の家で、広場の端にある商店が一軒レンガ造りです。

(2)古井戸の中の遺骨

この村でも多くの日本兵が傷病死していたと聞いていますので、それを確認するために来ていますが、私たちは皆が初めてなので迷いました。いつものように、まず村の長老を探そうと、言葉の分かるモンさんとチョーさんが村人たちに尋ね歩きました。やがて中年の男がモンさんの話を受け止めてくれ、長老の家に案内してくれることになりました。彼は、四十八歳のテイン・ノエさんです。

私たちは彼の案内で、広場から舗装された商店街らしい通りを、川沿いに百五十メートルほど進み、やがて直角に左折し、二百五十メートルほど進むと舗装道路は切れ、右折して石ころだらけの道を百メートルほど進んだ左側にある、立派な二階建ての家に案内されました。なぜだか二階の壁には、黄金色の大きな菊花紋章がありました。私たちは、板を並べた柵のような垣根の中に入りました。

モンさんは、この一月私に同行し、私の頼みで何度も見知らぬ人の家を訪ねたことがありましたので、家を訪問するのは慣れています。彼女はその家に入って行き、事情を説明していました。やがて庭に佇んでいました私の傍に来て、にこやかに言いました。

ウー・ルネさん（87）へのインタビュー

「どうぞお入りください」

私たちが一階の開放的な部屋に入りますと、コンクリートの床に敷きものがあり、その上に木製のテーブルと椅子があって、壁には子どもの大きな写真が貼っていました。テーブルの横の食器入れの戸棚のような水屋には大きなテレビがあり、この家が豊かなことを象徴しています。

私たちが椅子に座っていますと、やがて白髪の小柄な老人が出てきました。縞

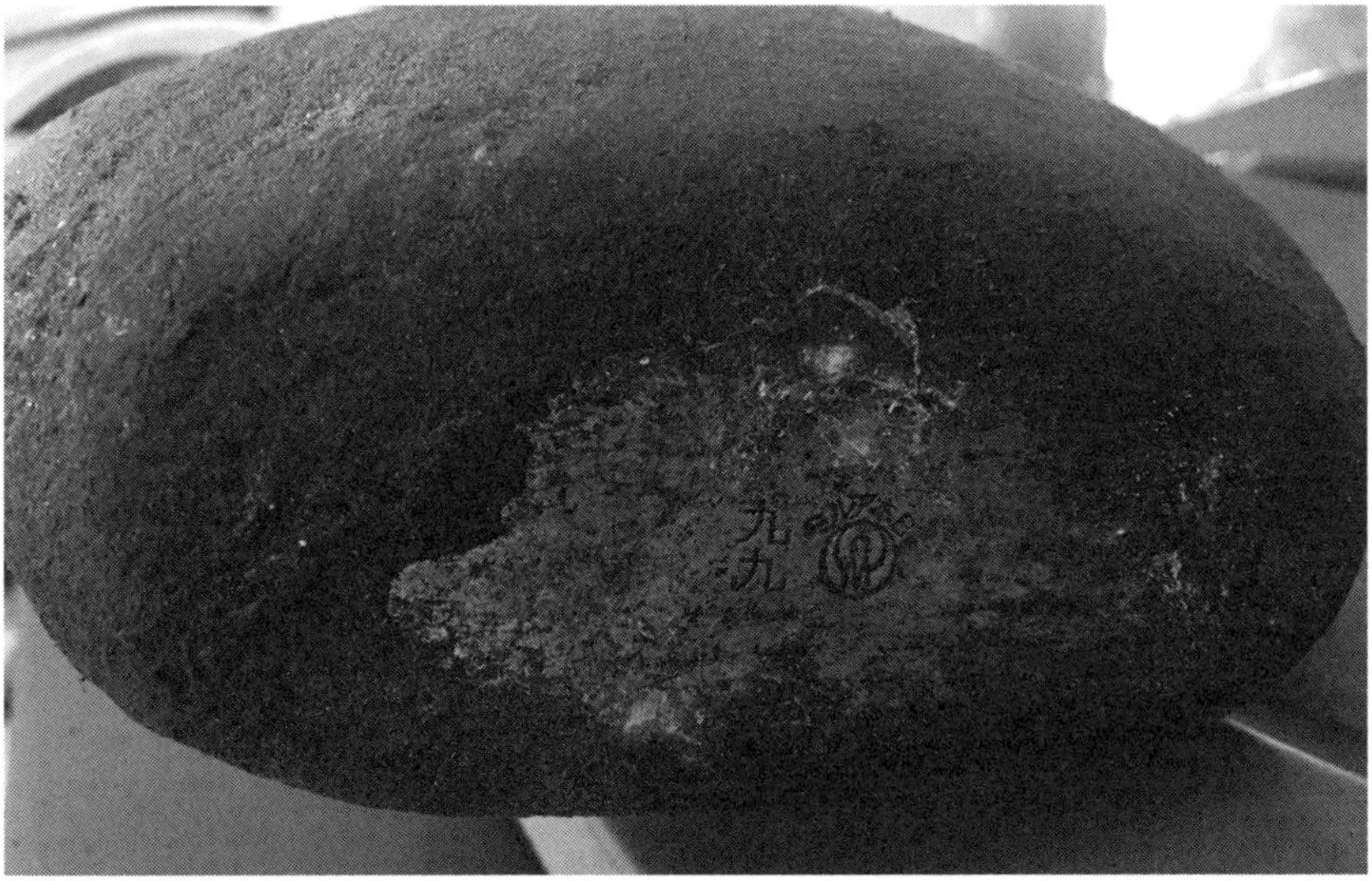

水筒の底の表記

物のシャツにオレンジ色の毛糸のチョッキ、そして暗紫色の地味なロンジーを巻いた老人は、私たちとにこやかに握手し、私の隣の椅子に座りました。

老人は、八十七歳のウー・ルネさんで、この村の生まれ育ちです。まだボケることなく、しっかりした表情で、モンさんやチョーさんの通訳で私たちの質問にしっかり答えてくれました。

この村は、ビルマ王国時代からこの地方の藩王が居た村で、現在は家が四百八十軒あり、二千五百五十四人が住んでいるそうです。イギリスの植民地になって間もなくからイギリスの軍人たちがいたそうですが、やがて日本軍がやって来て駐在していたそうです。

ところが、インパール作戦末期（筆者注一九四四年七、八月頃）には、イギリス軍の飛行機による爆撃が激しく、村人たちは機銃掃射もされたので、皆が山の中に逃げ込んでいて、しばらく帰って来なかったそうです。彼によりますと、〝黒い水牛の兄弟〟と呼ばれるイギリス軍の黒い戦闘機が二機一緒によくやって来て、頻繁に爆弾を落としたそうです。

戦争が終わって村に戻って見ると、沢山の日本兵の遺体や遺骨が散在していましたので、村人たちは死体をチンドウィン川に流し、遺骨は村の古い寺〝レイボー・チョン〟にある古井戸に投げ入れて埋めたそうです。何体かは知らないが、とにかく沢山の骨を井戸の中に投げ入れたそうです。

日本兵の遺留品

ウー・ルネさんは、当時の鉄兜や銃剣、飯ごうや水筒などを持ちだして見せてくれました。私たちはそれらを撮影させてもらい、当時の話をいろいろ聞きました。

十五歳の多感な少年であった彼は、とにかくイギリス空軍の爆撃が怖くて逃げまどったことと、日本兵の死体がいたるところに散在していたことをよく覚えているそうですが、戦争の内容やその後日本軍がどうなったのかは、いまだによく分かってはいませんでした。

私は、ウー・ルネさんに、日本兵の遺骨を沢山投げこんだという古井戸に案内してくれるように頼みました。彼は気軽く同意してくれ、裸足のまま家を出ました。五、六名の村人も同行して、先ほどの未舗装の道を引き返し、やがて舗装道路まで戻ると右に折れ、百五十メートルほど進んだ所に、トタン屋根が九層になった高さ三、四十メートルもある尖塔型

レイボー・チョン

の古い寺、レイボー・チョンがありました。

井戸は寺院から南に五十メートルほど離れた所にあったのですが、埋め戻されて平地になっていました。五年前に、その古井戸のあった所に高床式の建物が建てられ、今はその下になっていました。しかし、高床式なので、建物の南端の下の大地に、井戸の形が半分ほど確認できました。

この井戸は、二百年以上前の王国時代に掘られた、直径一・五メートル、深さが十二メートルもの大きさでしたが、当時は水が涸れていたそうです。その代わりの井戸は、百五十メートルほど南へ離れた所にあり、女性たちが洗濯したり、水浴びをしたりしていました。

私は、やって来た村長（ウー・ルネさんの息子）や村人たちに相談して許しを得て、古井戸の傍らに小石を置き、日本から持参した海苔巻煎餅を載せ、このために日本から持ってきたマッチの小箱を取り出して、線香に火をつけて焼香し、日本酒を注ぎ、跪いて〝南無阿弥陀仏〞を六、七回唱えました。そして、〝ふるさと〞を歌っているうちに、この下に眠っているのであろう若き兵士たちの無念の思いが我が身にしみて、徐々に胸に迫る熱い思いに駆られて涙がこみ上げ、声が出なくなり、かすれた声で三番まで歌い続けました。

〝一、うさぎ追いし　かの山
　　こぶなつりし　かの川
　　夢はいまもめぐりて
　　忘れがたし　ふるさと
二、いかにいます　父母
　　つつがなしや　ともがき
　　雨や風につけても
　　思いいづる　ふるさと
三、志を　はたして
　　いつの日にか　帰らん
　　山は青き　ふるさと
　　水は清き　ふるさと

自分の肩の震えを感じながらも、村人たちが見入り、近くにいる日本人たちが頭を垂れていることも

床下の古井戸のそばでの合掌

知りつつ最後まで歌いきった時、この地から帰らざる者たちへの供養ができたような、爽やかな気持ちになれました。

そしてこの後立ちあがって、ウー・ルネさんや集まって来ていた村長や十数名の村人たち全員に、焼香を頼みました。現場にいた大人たちは誰も拒むことなく、線香を大地に置いて黙祷をしてくれました。

新田さんは、このような光景をすべてカメラに収めていました。二十四歳と若い田中君は、事情がよく飲み込めないのか、怪訝な表情をしていましたが、私を撮影してくれるように頼んでいましたのでちゃんと約束は果たしてくれていました。新山さんが私の傍に来て、にこやかな表情で話しかけました。

「良かったですね、村人たちも全員焼香してくれましたよ」

私は、チョーさんを通じて皆さんにお礼を述べ、ウー・ルネ老人の手を取って感謝し、体に気をつけて長生きしてくださいと申し上げました。

井戸端での洗濯や水浴び

近くで七、八名の子どもたちが物珍しそうに見ていましたので、子どもたちにも話しかけましたが、よく理解できないのか表情をこわばらせていました。笑いかけて撮影しますと、子どもたちは緊張が解けたのか、大声で笑いながら走り去って行きました。

ミャンマー語で井戸のことを〝イエーヅエン〟と言いますが、イエーは水、ヅエンは穴のことで、人間の骨を〝アヨー〟と言うそうです。

アヨーの埋まっている古井戸の傍で供養した後、村人たちと別れ、私たちは、テイン・ノエさんの案内で、近くの現在使われている井戸に行きました。井戸端では女性たちが洗濯していましたし、二十歳くらいの若い母親が、乳児を傍において水浴びをしていました。ロンジーを胸まで持ち上げている彼女は、私たちが近づいても臆することなく、井戸水をくみ上げては、頭から豪快に水を浴びていました。中年の女性たちも半裸に近い姿で、何とも艶めかしい光景ですが、ここではありふれたことなので、彼女たちは気にすることなく談笑しては、私たちを珍しげに見ていました。

井戸の五十メートルほど南側に、高さ四、五十メートルもある乳房のような丘があり、その上に白い仏塔、パコダがありました。私たちは靴を脱ぎ、裸足で階段を上って頂上の王国時代からあると言う白いパコダの台座に座り、周囲を見渡しました。

村は木々の茂る林の中にあり、高い所からみても家はあまり見えません。村の北には西のミンタミ山系から流れ出る川があり、北のトンへの方まで平原が続いております。南と南西には丘のような山があり、東はチンドウィン川に面しています。川の東側は平原が広がっています。

川下のパウンピンから二十キロ、川上のトンへまでも二十キロにあるダウンダットは、雨季の大洪水でも水没することはなく、乾季の川面からは二十メートルも高い平地にあり、自然の要塞のような、地理的条件に恵まれた所です。

タウンダットを中心とする北西ミャンマーには、インド東部のマニプール州都のインパールへの通商路が、古くから三本あったそうです。それは南のシッタンからタムへ、そしてタウンダットから山を越してゆく道、もう一つは北のトンへからタナンに抜ける道です。

タウンダットの人々にとっては、イギリスの植民地になる以前のマニプール王国は隣国で、山を越して人や物資の往来が古くからあったのです。彼らにとっては、インパールは王都のマンダレーよりもはるかに近かったのです。そんなこともあって、ビルマ王国が山を越してマニプール王国に攻め込んだりしたこともあったのです。

パコダの丘を降りて歩いていますと、道沿いの茶店に座っていた四十三歳のノー・ツーさんは、約三十年前にトンへからタウンダットに来る途中の道沿いで拾ったと言う、日本兵が持っていたであろう、三八式の銃身を持っていました。私たち日本人が来ていることを聞きつけた彼は、それを家から持ち出して、私たちの通りかかるのを待って、見せてくれたのです。

この後、歩いて村を見て回り、十二時過ぎに広場に戻って、近くの店で買った揚げパンとゆで卵、それにジュースで軽い昼食を取りました。そして、午後はトンへに向かうことにしたのです。

(3)トンへ村の高射砲

午後一時半、タウンダットを出発してトンへに向かいました。チンドウィン川の東側は平地が続き、西側の右岸は砂地が続いていました。この辺の両岸は雨季には水没し、川幅は数キロにもなるのです。やがて西側の右岸にミンタミ山系が徐々に近づいてきました。右岸はタウンダット以来平地が続いていましたが、山麓に近づいた所がトンへでした。

途中に浅瀬や湾曲した難所がなく、船はハイスピードで航行したので一時間足らずで、午後二時二十分にトンへに着きました。トンへは、多くの日本兵がインパール作戦中に行き交い、死亡者の多かった村で、いろいろな人が書き残した戦記にも、シッタンと共によく出てくる地名です。そして、ここから西のタナンへ山越えをしてインドへ進軍したことでも知られているのです。

今日の午後、あえて訪れたのは、十二月十八日の明日、ここトンへからミンタミ山系を超えて、西のカボウ谷にあるタナンの村へ行けるかどうか、そして行ける場合は車がチャーターできるかどうかを確

トンへの船着き場

かめるためなのです。

この村にはチョーさんが以前に来たことがあり、村の中央部にある簡易食堂の女性オーナーを知っているので、まずそこへ行って情報を集めようと言うことになっていました。

船着き場はシッタンやヘロー、タウンダット等よりもそれらしく、船が数艘接岸しており、岸辺には臨時の店ができていました。チョーさんが三年前に来た時には店らしきものはなく、簡易食堂が一軒あっただけだそうですが、雰囲気がずいぶん変わっていると言っていました。

私たちは岸に上がって、食堂兼商店のような店の中を通り抜けて、川から百メートルほど離れて高くなっている村の中に入り、川沿いに一本しかない道を南の方に向かってゆっくり歩きました。チョーさんが行こ

掘り出された砲身

うとした店の近くに大きなマンゴーの木がありました。すでに日本人が来るニュースが流れたのか、そこまで来ると、数人の村人が集まって来ました。

彼らが興奮気味に言うことには、二十日ほど前、偶然に日本軍の大砲が掘り出されたというニュースでした。村人以外はまだ誰も知らないので、そのまま放置されているそうです。

初めは何のことかはっきりせず無視していたのですが、チョーさんが、「グドニュース、ラッキーです、ぜひ見に行きましょう」と言うし、新山さんもその気になり、「行きましょう」等と言うことになって、南へ七、八百メートルいそいで歩きました。

村の南端にあるナンデモーウ・チャン（寺院）前広場の川沿いには巨大な菩提樹の木がありましたが、その下を通りすぎ、五、六十メートルも行きますと、川沿いの平地に掘立小屋が二軒ありました。その手前の家の庭に、土にまみれた大砲の砲身が二問横になっていました。

村人が言うには、ここの平地と寺のある場所は、元日本軍の司令部があった所なので、日本軍の大砲だと言うのです。私たちはそれを確かめるために土を払いのけたり水で洗ったりして、どこかに文字があるのではと思い、手を尽くしましたが、確認することはできませんでした。しかし、これは空中の航空機を射撃するカノン砲である高射砲の、筒の部分である砲身であることは分かりました。

伊藤桂一著「遥かなるインパール（光文社）」には次のように記されています。

〝兵団司令部は、トンへから南方二キロほどの地点にあったが、電報を打った翌日、八月二十八日の朝、成瀬参謀が部隊本部を訪れて、岡田参謀長自筆の書簡を、松村部隊長に渡している。

その要旨は、つぎの如きものである。

一、只今より出発す。（〇三：〇〇）

二、歩兵射撃は払暁より午後二時乃至三時頃迄威嚇的に実施する。射弾三百發の予定なりしも、通過部隊の為装薬を炊事用に抜き取られ三十発となれり。

（爾後、火砲は処分す）

三、明夜、舟艇は最大限にトンへに至らしめ、ご希望に副い度、細部は成瀬参謀に連絡せられ度し〟。

なんでも、この小屋の住人である十八歳のチョースイ・ウー君が、たまたま畑を作ろうとして掘りあてたそうです。この砲身は、東のチンドウィン川の方ではなく、西のミンタミ山系の方に向いていたそうです。彼は重くて一人では動かせなくて、他の男二人に頼んで三人で動かし、今は川に沿うように南北になっています。

　私たちはその砲身を動かそうとしたのですが、重くて動かせませんでした。まだ警察に知らせていないので、掘り出されたままだそうですが、動かすには重機がない限り何処へも運べません。新田さんが詳しく撮影しましたので、映像的には十分に記録されました。

　日本軍はこの地に駐屯し、チンドウィン川とミンタミ

高射砲を掘り出した青年

山系から流れ出るコエホム（シャン語）と呼ばれる小川が、合流するやや高い所に高射砲を据え、西の方からやってくるイギリス空軍に対応したようです。
　八十川俊明著「痛恨インパール作戦」には次のような記事があります。

〝本部はトンへに着くと、直ちに船舶工兵隊に連絡将校を派遣したが、チンドウィン河の川沿いをくまなく捜しても見つからなかった。いつまで待てば渡河できるのか、軍に無電を打ったが、これも通じなかった。軍の戦闘指令所が移動中なのかもしれない。一時、軍司令部が所在不明という噂があった。今までの命令は実行されないことが多く、舟艇の来ない時の対策を講じる必要がある。折田部隊長は最悪の場合、筏を作って自力で渡河する以外にないと考え、各中隊に筏作りを命令した。中隊では一人当たり100本の竹を切れと命令した。

中略

トンへには独立銃兵第三聯隊が滞留しており、筏で渡河中との噂があったので、脇副官が連絡に行った。たしかに同部隊の一部は竹筏で「チ」川を渡河しようとしたが、途中滝のような渦巻にのみ込まれ、運よく渦巻を通過しても対岸に辿り着けず、夜が明けると直ちに敵機の機銃掃射を浴びて全員やられたと言うのである。直ちに筏作り中止の命令が出された〟。

まだ三、四十代の村の男たちは、当時のことを聞きかじっているのか、勝手なことを言って、西に向かって高射砲を打つ仕種をし、ダーン、ダーン等と発声して見せたりしました。そして、日本軍が退却するとき、ここに埋めたのだなどとも言いました。予期していなかったことですが、多分、日本軍が使用した砲身なのだろうと思います。

村の中程に戻って、チョーさんの知り合いの店を訪ねました。彼女、ドーミヤ・エーさんは五十四歳で、なかなか活発な、しかも口の達者な人。何でもチョーさんがトンへに着いて間もない時、彼女に

トンヘ村のなす売り

会ったので頼んでいたそうで、明朝ここからタナンへ行く車を捜してくれていたのです。

タナンへの道は非常に悪いそうですが、改造した車なら何とか行けるそうで、私たちのために村に一台しかない改造ジープをチャーターしてくれていたのです。距離は三十五キロですが、道が悪くて時間がかかるので、明朝遅くても十時にはトンヘを出発することになりました。

彼女によりますと、トンヘ村の家は約百二十軒で、人口は六、七百人だそうです。この村は、古くからマニプール王国への通商路の拠点で、チンドウィン川沿いにおける物資流通の重要な港であったそうです。と言っても、雨季と乾季の川面の上下が激しいので、停泊用の人工物は何もないのです。村の家は高床式のニッパハウスで、現在の川面から十数メートルも高い所にあるのですが、雨季にはたいてい水に浸かるそうです。

私たちは、午後四時十分にトンヘを発って、六時過ぎにパウンピンに戻りました。

6　トンへ、タナンの白骨街道

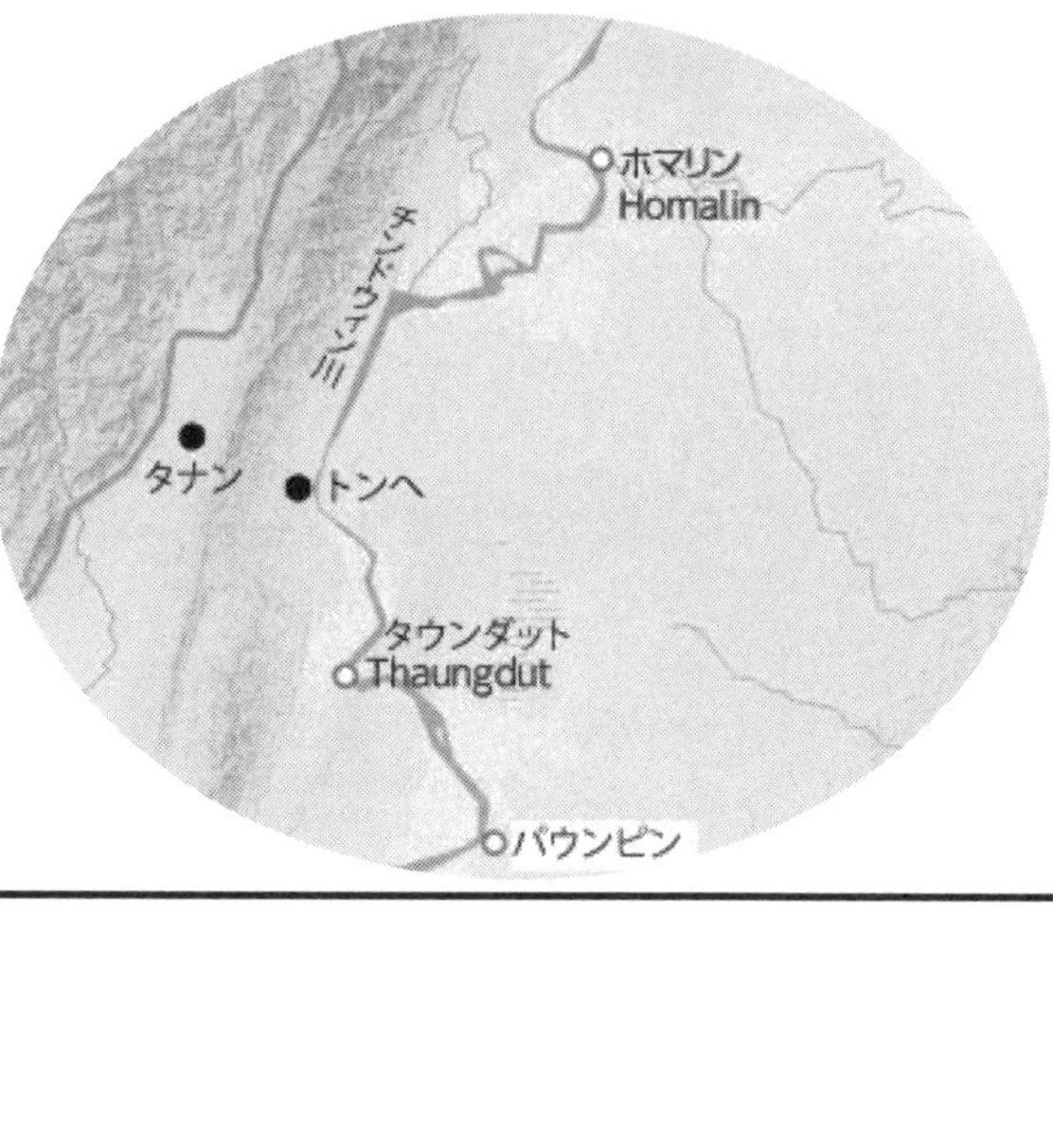

(1)早朝の濃霧に包まれた珍現象

十二月十八日午前五時半に起床。まだうす暗く、霧が濃いので視界が悪い。今朝は、トンへに十時前に着く予定なので、早めにゲストハウスを出て、濃い霧に包まれた街を歩いて船着き場に向かいました。昨日と同じ食堂で六時半から、二百五十チャットのラペエイと五百チャットのモヒンガーを頼んで急いで朝食を済ませました。そして、川辺に下りて砂地に乗り上げているヤラナピヨウ号に乗り込みました。

午前七時十分、ヤラナピヨウ号は岸辺を離れ、川上四十キロにあるトンへに向かいました。しかし、濃霧で視界が悪く、二十メートル先が見えないのです。船長のアウン・ミヨーメイさんは、早朝の出発を渋っていましたが、私たちの予定に合わせて仕方なく船を出し、注意深く進めています。

彼は、少年の頃からチンドウィン川を船で航行し、船長になってもう十五年もたっているそうなので行路は知りつくしているのです。と言っても、私たちが乗船してから今日でもう五日目なので、お互いに馴れと親しみがあって、無理を承知での航行なのです。

航行する船外は霧で肌寒く、他の人たちは船室の中にいましたが、私は、もしものことがあってはいけないことと、一人でも多くの耳と目があれば、事故防止になるのではないかと思い、一メートルほど高くなっている船長室の前の右側に、邪魔にならないように立ち、前方を注意深く見ることにしました。船長室の左前方には、若い船員が一人立って見張っています。

船の舳先には長さ一メートルほどの鉄製の錨が横たえており、その上の鉄柵の先端には、赤褐色の美しい若葉を付けたタビエの枝が筒に挿してあります。これは精霊の神様に航行の安全を願うためなのです。

川面も四方も空も同じ灰白色です。区別のつかないのっぺらぼうの世界で、舳先近くに立って前方を見ていますと、まるで、アニメーションの大和戦艦のように、空中を進んでいるように錯覚します。

冬用のジャンパーを着て、皮の手袋をし、全身を包んでいるのですが、顔に触れる白濁した空気は冷たく、見えるものが幻想的な状況です。

濃霧の中を航行

七時三十八分、左岸に十数メートルほど近付いて進みます。霧の中に五、六メートル高い堆積土の壁があり、その上の平地には草や木が生えています。それら霧の中で目に映る物が不思議な現象でいろいろな形に見えるのです。

杖つく老人や仙人、兵士の群れや蟻の大群、マンガチックないろいろな怪物に見えたり、幽霊のような化け物であったりと、まるでシンキロのように屈折して様々に見えるのです。それにトウモロコシ畑があり、笠を被った農夫が居たり、母親と子供が佇んでいたり、白い鳥が群れなしていたり、イワツバメが飛び交ったりもするのです。

かすかに見える土の壁は、いろいろな色の層になっています。それは雨季の水の流れによって堆積した土の層で、一メートル、五十センチ、三十センチ等の幅の層になって、霧の中でぼやけて幻想的に見えるのです。

西の右岸の方は何も見えません。霧の微粒子が顔に触れて寒い。空も川面も周囲は灰白色で五里霧中の世界。岸から二十メートル以上も離れると何も見えない不安感があおられます。

船近くの流れは小さく渦を巻き、あぶくが浮いています。舳先に建てられている青、黄、赤、白、ピンク色が横層になった旗が静かにはためき、その下のタビエの若芽が何とも鮮やかです。

私の頭のすぐ近くに、窓から身を乗り出して注意深く観察している、船長の緊張した顔が見えます。彼は時々警笛をブオーと鳴らしたり、左前に立っている船員に大きな声で話しかけたりします。

前を見ていますと、突然に小舟が出てきて横をすり抜けたり、ヤラナピョウは時速十キロくらいでゆっくり進んでいるのですが、同じくらい大きな船を追い越したり、砂地でよく見かける大きな水鳥が

二、三メートル上空を横切ったり、材木が流れてきたりしますので、寒さなど忘れて夢中です。

七時五十三分、気温は摂氏十四、五度で、まだ霧の中。左岸に竹の筏があり、その上に三人が乗っており、一人は女性。七時五十六分、左岸から徐々に離れる。五十メートルほど離れると、もう霞んで見えなくなる。船長室の前の窓ガラスが潤んでよく見えないので、船長は身を乗り出して見ていますが、船員が時々布で窓ガラスを拭いていました。

左岸を離れて何も見えませんでしたが、左の西側を行く船を追い越しました。八時四分には右岸に近づき、岸辺の林がかすかに見えます。まだ見通しは悪いのですが、船はお互いに警笛を鳴らし合って位置を確認しています。八時六分、右岸に五十メートルほど近付き、大きな木が見え、その下に一頭の水牛がいます。

もう太陽が出ているはずなのに、何処にあるのか見えません。八時十二分、水辺に人がいて、竹の生えた岸辺に一艘の小舟があります。そして、大きな竹の筏が浮いています。八時十三分、右岸に三十メートルほど近付きはっきり見えます。左岸の東の方には何も見えません。八時二十分、右岸を離れ、再び何も見えなくなりました。

船は右へ、左へとZIGZAGに航行していますが、この辺の川筋に詳しく、慣れている船長は、霧の中で、何かを手がかりに、勘で船を進めているのでしょう。

八時二十五分、空も前も横も後ろも白濁の世界で何も見えません。位置を確認できないことは実に不安です。山のない平原は、物理的に広いのですが、心理的には狭いのです。白濁の世界も圧迫感と狭さえ感じます。やがて左岸に近づいてかすかに見えるようになりますと、圧迫感や不安がうそのように消えました。五十メートルほど近付きますと、岸辺で六頭の牛が草を食んでいます。

八時三十分、やや明るくなり、左岸がはっきり見え、村人が水汲みをしています。船は徐々にスピードを上げます。

八時三十二分、昨日の朝見た高さ二十メートルほどの堆積土の壁が霞んで見えました。もう百メートル先の船が見えます。船はますますスピードを上げ、両側に白波を立てて勢いよく進みだしました。

八時三十四分、太陽が見え、明るくなりました。もう四、五百メートル先が見えます。船はフルスピードの時速二十五キロくらいで進み、遅れを取り戻して行きます。八時四十分、青空が見え始め、霧がどんどん消えてゆき、あっという間に青い空が広がり、数十分前の霧の世界が夢であったかのように、美しく晴れ渡りました。その後、船は静かな川面を快速に航行し、トンへには九時四十三分に無事着きました。

(2)トンへからタナンへの道

船がトンへに接岸すると、我々はすぐに上陸し、待っていた、見るからに古い改造した小型ジープに乗り換えました。私と新田さんが運転手の横に並んで座り、新山さんとモンさん、チョーさん、それに案内人の女性ドーミヤ・エーさんと若い男性の助手が一人の五人が後ろの荷台に座り、田中君と助手一人が何と運転席の上の改造した屋根に座り、合計十人が、ミンタミ山系を越した西へ三十五キロのタナンに向かって、九時五十二分に出発しました。

改造ジープ

トンへは、川に沿って幅百メートル弱の平地があるだけで、直ぐ山に入ります。その村はずれの山麓に警察署があり、助手が我々の名前を記した紙を持って、タナンへ行く許可の申請に行きました。約十五分待って許可が下り、いざ出発となりましたが、山を上がる道は文明的な物ではありません。七、八十年も前に軍用道路としてイギリス軍が建設したままのようで、修復などされたことがないような、普通の車では絶対に走れないような状態です。

改造の小型ジープは、車体は古いがエンジンを新しくし、車台を高くして車輪を大きくした四輪駆動で、窓にガラスとかはありませんので、パンパラパンの状態です。それでも単車や馬車や牛車よりはましだし、何より、十人

ミンタミン山系の悪路
もが乗っているのに坂道を登る力があるのです。

　日本軍は、インパール攻略のために、イギリス軍が建設した道と交錯するショートカットした新しい道を作り、五キロほど短くしたそうですが、今はその道は使用されないで、イギリス軍の旧道を通っているのです。しかし、でこぼこ道で、崩れていたり、土が流れて無くなっていたり、岩が顔を出していたり、階段状になっていたりでまともに走れるような道ではありません。

　小型ジープは、大波に揺られるように揺れ、ギーギー、ガタガタと車体がきしみ、ブーブ、ガーガーとエンジン音を響かせながら、ラクダに乗っているよりもはるかに揺れるので、時にはさび上げられて舌を噛みそうになります。それに今は乾季なので、車輪が巻き上げる砂埃も立ちます。

　何より、ミンタミ山系は、一つの山ではなく、大きな台地が、古代からの数万年、数十万年もの間に、大雨で激しく浸食されて、尾根や谷間がいくつもできていますので、上がったり下がったりと果てしな

く続くのです。だからミンタミ山脈とは呼ばず、ミンタミ山系になっているのです。

日本の山とは比較のしようがない様な、大きな山系を横断するこの道を、乾季の三、四月に多くの日本兵が西に向かって進み、そして、雨季の七、八月に、多くの傷病兵が、西から東へと進み、雨にぬかるんだ道沿いに沢山の死体が横たわっていたと言うのです。私はその道を、七十二年後の今、小型ジープで西に向かって進んでいるのです。

新タナン三叉路にある店

途中、二か所でジープから降りて歩き、やっとのことで大きな峠を越して、カボウ谷が見える方へ下りました。何と三時間以上もかかり、午後一時四分に平地にあるタナンの交差点に着きましたが、家が数軒あるだけでした。
トンへからの道と北から南のタムへ行く道が交差した、三叉路の標識のある所に茶店の様な食堂がありました。そこの店で、ドーミヤ・エーさんが作って持参した、

シャン族のトーシャ・カインさんと孫

筒型の弁当箱に入った昼食を、皆で分けて食べました。

タナンは、東のミンタミ山系と西のパトカイ山脈の間にある、南北に長いカボウ谷の北端にある村で、ユウ川の支流沿いに平地が広がっています。タナンの新しい村は、その中央部にあり、西に迫るパトカイ山脈を越すと、もうインドのマニプール州で、インパールには近いのです。

タナンの古い村は、一九六五年にミヤンマー政府の指示で、この三叉路から西の方の平地に移転させられていました。ポンコツジープは修理をするとかで動かず、我々は歩いて北に向かいました。五百メートルほど行くと数軒の家と学校があり、そこで偶然出会った人に教えてもらった、ウー・マオペーと言う八十五歳の老人の家を訪ねましたが、彼はもう会話ができない状態で、何も聞きだすことはできませんでした。八十二歳の奥さんトーシャ・カインさんはしっかりしていましたが、シャン族で当時のことはよく覚えていないと言いました。しかし、彼女から、日本軍が駐屯していた旧タナン村の場所を聞き出すことができました。

タナンは、トンへからタナン、そしてマニプールへの古くからの通商路にあった村で、シャン族の村であったそうです。今日の新タナンのビルマ族は新しい住民で、数は少ないそうです。村の戸数や人数を知っている人には会えませんでしたが、四、五百人ではないかと思われます。

(3)旧タナン村駐屯地跡の骨

旧タナン村は、三叉路から東へ二キロ戻った、ミンタミ山系の西麓にあるとのことでした。しかし、もう五十年も前に移転しているので、村の跡地には何も残っていないし、林になっているとのことでした。

ここまできた以上、林になっていようとも、旧日本軍が駐屯していた場所の確認だけでもしておきたい。私はそう主張して、皆でその場所に行くことにしたのです。

伊藤桂一著「遥かなるインパール」には、タナン近辺のことを次のように記述しています。

〝松村部隊は、タナンを過ぎて、東方に進むにつれ、道路脇の死傷者が、次第に多きを数えてゆくのに、深く心を痛めた。

傷病者は、タナンに至る途中でも倒れたが、タナンから先では、支えに支えてきた気力も体力もつき、遂に脇道にへたり込んだ部下将兵が、その数を増したのである。道路上のいたるところに死者がいて、死臭が漂っている。松村部隊がタナンを通過して、インパールへ活発に歩を進めたのは、思えば三月十八日のことである。爾来、五カ月に近い月日の間に、何と状況が変わり果てたことか。しかも、戦いに戦いつくしてきた将兵たちであるのに、こうも無残に。

「この地で死んでゆく者の骨を、せめて、いつ拾いに来てやれるのか、それができるのか。それを思うと、針に筵の上を歩いて撤退してゆくような気がする」

松村部隊長は、小休止のごとに、側近の藪中大尉や竹ノ谷中尉に向けて、しみじみと述懐する〟。とありますので、当時の駐屯地を見ておきたいのです。

私たちが、三叉路に戻るとポンコツジープはまだ修理中で、直ぐには出発できないと言う。仕方なく歩いて行くことにし、モンさんが残って途中で落ち合うことにしました。

三叉路から約一キロ歩きますと、自動車道からそれて、山麓の林の中の山道に入りました。二、三百メートル登ると小高い丘の平地にパコダと寺がありました。人家もない林の中に寺があるのは、ちょっと異様な感じでしたが、誰か居れば情報を得たいと思い、近づいて見ますと、中に坊さんが一人いました。

チョーさんが、彼にいろいろ説明してくれ、僧から情報を得ることができました。しかし、彼、ウ・セッケンダさんは、今から二十二年前にホマリンからタナンへ派遣されてきた、四十三歳の僧で、戦中のことは村人から聞いているだけでした。

彼は、タナンに来て以来、旧タナン村のあった所には何度も行き、日本軍の駐屯地跡も知っているとのことでしたので、何とか案内をしてくれるように頼みますと、快諾してくれました。

午後三時、僧の先導で寺から歩き始めました。まず林の中の道を北の方へ降りて林を抜け、トンへへの自動車道を横切りました。再び林の中の小道を歩き、林を抜けると小川があり、コンクリートの堰が壊れている所を通って対岸に渡りました。そこからは古いが人工的に作られた道があり、百メートルも進むと、小川の反対側が平地になっていました。僧は、この辺から対岸に村があったと言います。

我々は林の中の道を三百メートルほど進んで再び小川に出ました。飲めそうな清流が、静かに流れています。橋がないので、人頭大の石を数個投げ入れて渡りました。

「この川から上の方が旧タナン村の中心地です」

僧が教えてくれましたので、新田さんが三脚を立てて撮影し始めました。しばらく待っている間、僧は、川の中から拳大の巻貝を捜し出してきました。こんな山の中に大きな巻貝が居ることに驚かされていますと、貝から白っぽい液があふれ出ました。僧は、この液で顔を洗うと肌がきれいになると言っていました。それに、この貝は、村人たちの食糧になってもいたそうです。

「私がここに来た二十年前には、この川には日本軍の銃剣や鉄兜、飯ごう、水筒等があり、人骨もありました」

僧は、小川の上流の方を指さして言いました。驚いた新山さんが確認を取っていましたが、彼は間違いなく私は見ましたと言い、ここから二百メートルほど行った所に日本軍の駐屯地があったと言いました。

それではそこに案内してくれるように頼み、我々は、道はあるが人がしばらく通っていないような、背の高い雑草の間を縫って進みました。

「この道は、ジャパン・ロードです」

僧は立ち止まって教えてくれました。これは日本軍が作った道で、村人たちは、ジャパン・ロードと

駐屯地跡にあった骨

呼んでいたそうです。その道をそれて山の方へ百メートルほど上がった所に、草も木も生えていない五十メートル四方ほどの平地がありました。

「ここが日本軍の駐屯地跡です」

僧は、平地に立って言いました。なぜだかこの空地だけは、犂で掘り返されたようになっていました。周囲は木が生い茂っているのに、ここだけ農耕地のように掘り返されて、黒っぽい土が表れています。僧に尋ねましたが、誰が何のためにしたのか知りませんでした。

私たちは、何か遺物がありはしないかと、目を皿のようにして大地を見つめながら歩きました。黒っぽい土の中には、骨が風化したような白っぽい土がありました。

「あっ!、骨だ」

広場の下の端で腕の人骨のようなものがあったので、私は大きな声で叫び、皆を呼び集めました。新田さんが撮影するなか、私は、その小さな骨を木の枝で掘り出しました。僧も見ていましたが、人骨かもしれないと言っていました。

もしかすると、日本兵の骨かもしれないので皆で慰霊しようと、現場で焼香し、日本酒を注いで黙祷しました。その後、テイシュに包んで日本に持ち帰ることにしたのです。

しばらく歩き廻ったのですが他にはありませんでした。時間もなくなり、僧がここから上がる車道への近道を案内すると先に立って歩き始めました。三十メートルほど進んだ所に墓石のようなものがありました。僧は、ミヤンマー人はこんな石を建てることはないので、日本人のものだろうと言うのです。

多分、日本軍が駐屯していた時、兵士の誰かが死んで埋めたのに違いないと思い、ここでも煎餅を置き、焼香してお酒を注いで、皆で黙祷しました。こんなジャングルの中で、何十年もひっそりと立ち続けた石は、わびしげな姿ですが、我はここにいるとばかりに毅然としていました。

駐屯地横にあった墓石のような石

「日本から来ましたよ、ご苦労様でした」

私は、石を撫でながら言葉をかけましたが、この場では一緒に還りましょうとは言わなかったし、言えませんでした。もしかすると、この下に遺骨があるかもしれないと思うと、なんだか身の引き締まるような気がして、鳥肌が立ち怖くなったのです。

「さあ、ゆこう」

私は、皆に声をかけ、先になってジャングルの山麓を上がりました。僧の案内がありましたが、彼も十数年前に来た以来で、途中から道が解らなくなり迷いました。やっとのことで旧タナン村の貯水池にたどり着き、ここからは茂みの中の道がなんとなく分かって、車道に這い上がることができました。膝に痛みのある新山さんが斜面を上がるのが遅く、少し遅れていましたので、何度か声をかけて場所を知らせたのですが、私たちが先に通った跡を探すことができず、道に迷い、大変な苦労をされたとのことでした。

(4) 白骨街道での慰霊の後

私たちが密林の斜面をよじ登っている時、何度もジープが警笛を鳴らして所在を知らせてきました。こちらも大声を張り上げて答えましたが、多分聞こえていなかったのでしょう。しかし、モンさんが一緒なので、何とか気を利かせてくれるだろうと思いつつ登りました。

私たちが車道へ出たよりも上で待っていたジープが、私の叫び声で場所を確認して下りてきました。我々一同が揃ったところで、ウ・セッケンダ僧にお礼を述べ、別れを告げますと、彼は、車道を歩いて下りました。そして、我々は、四時十分にトンへに向かって出発したのです。

カボウ谷のタナン平地に注ぐ夕陽

ポンコツジープは、十人を乗せて喘ぎながらZIGZAGの山道を登ります。途中、道沿いに水場がありました。然しその傍に崖崩れが起こり、道の半分が土砂に埋もれて通行が危険な状態であり、しかも、道路に流れる水がその水飲み場に流れ込むようになっていました。

背の高い大きな茅の穂が覆っている道を、まるで茅のトンネルを抜けるように登り、やっとのことで一つの大きな峠に着きました。タナンからトンへに向かう途中で多くの兵士が、飢えと病気と傷でなくなり、この山道も白骨街道と呼ばれていたそうなので、私は、タナンに向かう時、カボウ谷のタナン平地の見下ろせるこの峠で、慰霊をしようと思っていました。その旨を新山さんにも伝え、モンさんやチョーさんにも話しておきましたので、車を止めてもらいました。

伊藤桂一著「遥かなるインパール」には次のように記されています。

〝ここまでの途中、タナンからトンへまでの道は、ことにすざましかった。道のまん中に、半ば白骨化した兵隊の死体が仰向けに転がっていたり、露営のため道脇の竹藪の中にもぐり込むと、すでに先客がいたりした。それは、白骨化した兵隊たちが、骸骨が帽子を被り、靴を穿いている姿で、並んでいたのだ〟。

八十川俊明著「痛恨インパール作戦」にも次のように記されています。

〝七、八日かかって、トンへの五キロほど手前で露営することになった。二度目に見る白骨街道の死体は更に数を増しており、ジャングルの中の泥道の両側に累々と連なっている。飢餓に起因する地獄絵図であるが、我々は既に不感症になっていた。この累々たる死体は日本軍退却の道標となり、我々はもう道に迷うことはなかった。しかし、悪臭だけはたえられなかった。

中略

「おい、元気を出せ、トンへはすぐそこだ。米が待っとるぞ」

声をかけても返事はない。他部隊の兵まで助ける余裕もない。殆どが死体であったが、ここ一、二日らしく腐乱体は少なかった。ざっと眺めても百体はくだるまい。独歩患者は米が無ければ行き倒れるしかない。生水を飲めば例外なくアメーバ赤痢に架る〟。

こんな凄惨な記述があったのです。

五時五分、私は、タナンの谷が見下ろせる峠の道沿いに小石を置き、その上に持参の海苔巻煎餅を乗せて焼香し、日本酒を注いでから膝まずいて手を合わせ、〝南無阿弥陀仏〟を六、七回唱えました。しばらくして立ちあがり、タナン平地のもう暗くなりかけた谷間に向かって、大きな声で呼びかけました。

「日本から来ましたよ、皆さん一緒に還りましょう」

先ほどの石の前では一緒に還りましょうとは言えませんでしたが、大きな谷間に向かっては、具体的な姿の想像できない諸々の兵士の霊には、谷間に響き渡る大声で叫ぶことができました。

私は戦地の経験はないし、戦争の記憶は夢幻のようにしか思い出せません。しかし、二十四歳のとき、一人で三年間に七十二カ国を訪ねる世界一周の旅をし、まるで戦場を駆ける兵士のような気持になったことがあります。其の時、死ぬのが怖かったのです。細心の注意を払いながら、まるで忍者のように神経が研ぎ澄まされ、風の音にも目を覚ましました。兵士たちも死にたくはなかったはずです。祖国のためとは言え、誰もが故郷の父母、兄弟姉妹を想い、腹いっぱいご飯を食べることを思いつつ、無念の気持ちで死んでいったのでしょう。その思いが私を突き動かし、世界中を駆け巡った戦中生まれの日本人として、大東亜戦争に対する心の整理をしたくなって、ここまでやって来たのです。

「皆さん、私と一緒に〝ふるさと〟を歌いましょう」

私は、自分を鼓舞するように大きな声を張り上げ、西空のインドのパトカイ山脈に日がかかり、暮れゆく谷間に向かって、大声で歌いました。

もう涙は出ませんでした。なんだか楽しく、晴れやかな気持ちで、ふるさとを三番まで歌いきることができました。

「さあ、帰りますよ」

私は谷に向かって一礼し、皆に呼び掛け、百メートル先で待っていたジープに乗り込みました。そして、車で進んでいる五時二十五分に太陽が西の山に沈みました。日が沈むと間もなく暗くなったのです。ミンタミ山系を横断するタナンとトンへの間の道沿いに家は一軒もありません。道は土が流失していたり、土がこねくり回されてかたまっていたり、岩石の一部が出ていたりで大変な悪路です。そのため改造された腰高のバスが一日に一往復するだけで、普通の車は通れません。たまにオートバイが走りますが、それも日中だけです。暗くなっては何も通らないのです。道が悪いので、揺れに揺れ、時々車体の底を激しくこすりますので、落ち着いてはいられません。そんなこともあって、帰り道は車が何度も故障したのです。

最初は六時十五分にギア故障。四輪駆動なので二本のうち一本のシャフトを取り外して、六時三十分出発。次にはエンジン故障。暗いのでどんな所に止まっているのか皆目分かりません。危険なので車から出ないように言われて、じっと座っています。水はボトルを沢山積んでいましたので自由に飲めます。周囲は山林なのでしょう野猿のような鳴き声もします。虎や豹、大蛇などがいるのかもしれないので、暗闇の中に出るのは何となく気がひけます。何より、私は、日本兵の霊たちに取りつかれるのではないかと少々不安でもあります。

六時五十分に走り出して間もなく、今度はスプリングが折れて、車がガタガタ揺れました。時計はもう七時十七分です。スプリングを修理するには三十分はかかるし、全員車から降りなければなりません。仕方なく車から降りて、各自が持っている明かりをともして一か所に集まり、順次小用を済ませました。携帯もスマホも圏外で使えませんので、助けを求めることはできません。

私が一番旅慣れていますので、トンへに向かって少しでも歩こうと話しかけました。修理を待つよりも歩こうと皆が同意し、我々七人が大きな声で話しながら、懐中電灯をともして悪路を進みました。

私は少し後悔していました。七十数年前とは言え、死せる兵士たちに呼びかけ「一緒に還りましょう」と叫んだことが災いしているのではないだろうかと、暗闇の中を歩きながら、後ろにいることが気持ち悪くなって、一番前を歩きました。

三十分も歩きましたら、ジープが追いかけてきました。さすがポンコツ車を操り慣れているのでしょう、修理が速く、二輪駆動になった車で、ゆっくり夜道を走りました。

しばらくすると、明かりが見え、一日一便で明朝トンへ発用のバスが、我々の帰りがあまりにも遅いので、事故でも起こったのではと、心配して迎えに来てくれたのでした。

私たちは皆、これでトンへまでは帰れると気を強くして安堵しました。しかし、乗り換えることなく、ジープはバスの前を走り、トンへの警察署の横で止まりました。そしてタナンから帰ったことの報告に行きました。タナンは、インドとの国境の村で、外国人は行けない地域なのですが、私たちは特別許可を出してもらっていましたので、行く前に申請書を出していたのです。警察も、帰りが遅くなっていましたので心配していたそうです。

私たちがトンへの岸辺に着いたのは、午後八時三十分でした。心配していた船長が大喜びで、直ぐに船を出してくれました。しかし、暗闇でスピードがあまり出せず、パウンピンに着いたのは十時四十一分でした。十時には消灯しますので、街全体が暗く、しかもゲストハウスの門が閉まっていました。暗闇の中で、チョーさんが大きな声で呼びかけ、やっと開けてもらい、何とか部屋にたどり着くことができたのです。しかし、夕食は無しでした。

後で分かったことですが、私たちの帰りが遅かったので、パウンピンの警察官が何度もゲストハウスを訪れて確かめていたそうです。もし帰れなかったら、日本人遭難のニュースが流れていたかもしれません。

7 船旅最後の日

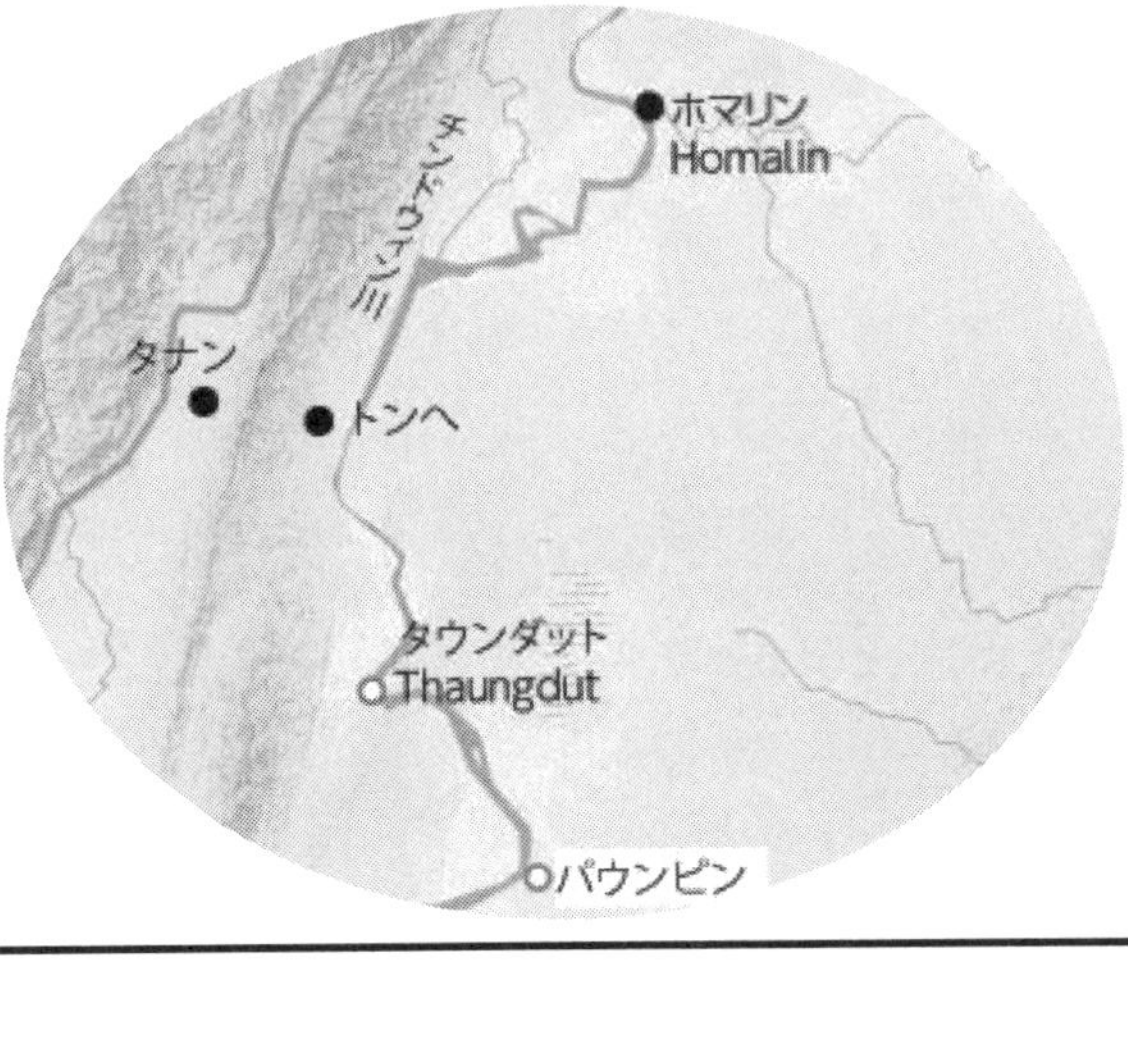

(1)トンへ村のナンデモウ寺院

十二月十九日午前六時過ぎに目が覚めました。昨夜は大変遅くに着き、夕食もできずに手探りでベッドに入りました。そして電気が切れていましたのでカメラや携帯に充電することもできませんでした。三泊したゲストハウスを七時に出て、昨日と同じ店で、まずミルクテイーのラペイエイ（二百五十チャット）を飲みました。そして空腹でもありましたので、ラーメン風のモヒンガー（五百チャット）を二杯食べました。

朝食後、川原からの乗船の際、膝に痛みのある新山さんが、一枚板の渡しを上っている途中、バランスを崩して水際に落ち、腰を打ったそうですが、私は既に船室の中に入っていましたので知りませんでした。落ちた音を聞き、船室からのぞくと、もう立ちあがっていました。大事に至らなくてよかったのです。

船は午前七時半に四十キロ川上のトンへに向かって出発しました。今朝も霧が立ち込めていましたが、昨日ほどではなく、百メートル先が見えましたので順調に航行できました。

ところが、私はまたもや大失敗をしました。船の後部には両側に便所があります。両方とも同じように板で囲まれ、和式風の白い便器があり、ゴムホースから絶えず水が流れ出て、排出物はすぐに直径五センチほどの穴に流れ込み、川面に落ちるようになっています。

午前九時頃、その便所に入って用を足し、お尻を設置されたプラスチックの椀を使って水で洗い、立ち上った時、ズボンのベルトに着けていた小さいカメラケースが滑り落ちて便器の中に入りました。川に落ちるようになっている便器の穴で止まったのですが、ホースから流れ出る水をもろに被ってしまいました。

外に出てからケースの中を調べますとカメラ本体が水を被っていました。やがて液晶板の画面が乱れ、二十分後には映像がはっきりしなくなり、使えなくなったのです。田中君はアイホンで撮影し、カメラを使っていませんでしたので、これからは、彼のカメラを借りることにしたのです。

ヤラナピョウ号の便所

そうこうしているうち、九時四十八分にトンへに着きました。トンへはこれで三度目になるので、顔見知りになった人もいて、岸に上がって言葉を交わしました。

岸辺では十数人が、忙しげに乾燥した小魚を、大きな布製の白い袋に詰め込んで、それを大きな竹かごに入れて頑丈に荷造りをしていました。何でもトンへ発の改造バスの屋根上に積んで、タムに送り、タムからマニプール州のインパールの方へ輸出するのだそうです。周囲には、乾燥小魚の発酵臭のまじった独特な匂いが漂っていました。

マニプール州には大きな川がなく、チンドウィン川

乾燥小魚の荷造り

でとれるような小魚が取れないので、昔からマニプール王国へ輸出していたと言うのです。多分、イギリスがミンタミ山系に道を作る百年も二百年も前から、トンへからタナンへ行く通商用の山道はあったのでしょう。

インド東部のマニプール州やナガランド州、そしてヒマラヤ南麓の山岳地帯であるネパールやシッキム、ブータンなどでは、このような小魚を塩漬けにして発酵させ、ミンチ状の塩辛のようにした物〝ウガピー〟を、食生活にとってなくてはならない調味料にしているのです。これらの地方の人々が、小魚を発酵させて料理に使っている現場を何度も見てきましたが、その一部がトンへから送りだされていることを知り、驚かされました。

ビルマを攻略した日本軍にとっては、インパールは遥かに遠い所であったのですが、このチンドウィン川沿いの人々にとっては、隣国の近い町で、生計を維持するには必要な地域であったのです。それが、イギリスがインドにやってきてマニプール王国まで植民地化し、そこを拠点にして東のチンドウィン川流域に触手を伸ばし、ビルマ王国攻略用に道を建設していたのでした。その道を伝って日本軍がビルマ防衛とインド解放を兼ねて、インパール攻略に向かったのです。

インド東部を何度も訪れたことのある私にとっては、彼らの食文化に大きく影響している小魚が送り出されている現場の様子を見て、納得と感動を覚えたのです。

船着き場から、約一キロ離れた村の南端にある、ナンデモウ・チヤン（寺院）に行きました。そこで四十一歳の住職ナンタ・マーラ僧と、五十八歳のウイ・マラ僧の二人にいろいろ話を聞きました。

この寺は、日本軍の駐屯地跡に四十四年前に、日本の援助もあって建設されたそうです。当時、日本人が来て、この辺（後で行きますが野戦病院があった所）で沢山の遺骨を掘り出して持ち帰った時、援助があったのだと言います。

約百メートル四方を壁に囲まれたこの寺のすぐ近くに、元々小さな寺があったそうです。今の大きな寺は、その寺を併合するように作られています。

この寺には、四十四年前の慰霊団が残した慰霊の鉄板が吊してありました。それには次のように記されていました。

慰　霊

戦友よ安らかに眠れ

1972年1月　吾等戦友一同ビルマ国のこの戦跡を訪れ

亡き戦友の慰霊法要を営み謹んでこの銘を納む

日本印緬戦跡慰霊団

とあり、その下に四十数名の名前が列記されていました。

今から二十一年前の平成七年十一月にも日本からここに慰霊団が来て、四本の「卒塔婆」をこの寺に預けて帰ったそうで、それを持ちだして見せてくれました。

為五十八聯隊戦死病没者諸英霊

為烈師団司令部戦死病没者諸英霊

為祭第二野病大隊戦死病没者諸英霊

などと卒塔婆の板に記されていました。

二人の僧は皆若くて戦争当時のことは知らないのですが、戦争当時もトンへにいた先代の住職は、少し日本語を話し、多くの日本人を知っていたそうです。全て彼からの伝聞でしたが、戦争末期には、村人の大半は山に逃げ込んでいたのです。終わってから帰って見ると、村のいたるところに沢山の日本兵が死んでいたそうです。村人たちはそのすべてをチンドウィン川に流したとのことでした。

一昨日見た高射砲の砲身は、この寺の前の川沿いにある民家の庭にありました。寺の北入口前広場の川沿いには、巨大な菩提樹があります。トンへ生まれの五十八歳の僧ウイ・マラさんによりますと、彼が子どもの時から今のように大きかったので、二百年以上は経っていると言います。

日本製の卒塔婆を見せてくれたウイ・マラ僧（58）

ナンデモーウ寺院前広場の巨大な菩提樹

日本軍がここに駐屯し、司令部を設置していた時にはすでに大木であったようなので、多くの日本兵がこの菩提樹を見たはずです。

菩提樹は、クワ科の常緑樹で、高さ三十メートルにも達する喬木で、なめらかな光沢のある心臓形の葉をつけています。仏教徒には良く知られた樹名で、釈尊がこの木の下に坐して悟りを開いたと伝えられており、インドやミヤンマーに多い木です。

寺に一時間ほど滞在し、村の中央部に戻る途中、道の右側の川沿いの林の中に、日本の祠とほぼ同じような小さな家がありました。村人に尋ねると、「ナッ

日本人が寄贈した小学校

コーン」と呼ばれる精霊の宿る祠で、この村の守り神が居るのだそうです。やはり、この村にも仏教と精霊信仰が共存しているようです。

川沿いの道から山の方へ七、八十メートル離れた高台に、一九九九年十一月二十一日付けで、日本人に寄贈された小学校がありました。当初は小さな平屋の建物一棟だけでしたが、いまでは生徒も増えて校舎が二棟増築されていました。それでも足りなくなって、今では外の木陰で授業を受けている子どもたちがいました。

私たちが学校を訪ねると、窓から顔を出した子供たちが、

「ジャパン、ジャパン」と叫びながら手を振ってくれました。一般的に対日感情は良いのです。この後野戦病院跡に行くことになっていましたので、学校には三十分しか居られませんでした。

(2)旧日本軍の野戦病院跡

昨日タナンへも案内してくれた、ドー・シャエー女史（五十四歳）が、知り合いの男性ウー・オンチョ（六十二歳）さんと一緒に案内してくれることになりました。

ウー・オンチョさんが、野戦病院跡に行く前に是非案内したい穴があると言うので、私たちは、多分日本軍の横穴式の壕に違いないと、彼に従って、村の北側の山麓の林の中を、一キロ近く歩いて上りました。彼が案内してくれた穴は、川面から七、八十メートルも高い尾根にありました。その穴を見てすぐに、これは日本軍の塹壕ではないと思いました。今から四十数年前に、日本軍の財宝が隠されていると噂が立ち、南のモーライク近辺でも穴が掘られていましたが、この穴もそれらと同じようなのです。

この尾根は、今は木が茂っていますが、戦争当時は見晴らしの良い所であって、高射砲が据えられていたか、見張り台があったと思われます。そんなこともあって、軍の拠点とされ、もしやと思われて掘られたのでしょう。

私は、新山さんにその旨を伝え、長居することなく野戦病院跡の方へ引き返しました。尾根地を、先ほどとは違う小道を下っていますと、それこそ本当の塹壕と思われる直径二・五メートル、高さ一・五メートルほどの大きな穴がありました。これは多分、周囲にある〝イン〟と呼ばれるチークに似た木の、大きな葉で屋根をふいていたものと思われます。今は、その屋根が落ち、穴だけが残っているようです。横に入口の穴がありますので、横穴式の壕にも近いと思われます。幼い頃、横穴式の壕や塹壕を見たことのある私が、皆に説明しました。

この辺は川面から五、六十メートルは高いところですが、いっぱい転がっている石ころ全て、角が取れて丸くなっています。と言うことは、古代に於いては川底であったことの証明です。遥か昔のチンドウィン川は、今よりもはるかに川幅が広く、この上を流れていたのでしょう。

そこから更に下っていきますと、〝ワ〟と呼ばれる竹が、大きな塊、株になっていたる所に生えていました。谷底まで降りますと、川床は堆積岩で、白黄色の砂岩の上をきれいな水が流れていました。

ウー、オンチョさんによりますと、野戦病院は、ここの水をバケツで運び上げ、飲み水や治療用に使っていたそうです。

私たちは、幅五、六メートルの谷底の砂岩の上を飛び石伝いに渡って、再び反対側の斜面を登りました。五十メートルほど上がると斜面が緩やかになりました。

「ここから上の方が野戦病院跡です」

ドー・シャエーさんが周辺を指差して言いました。と言われても、何の事だか分りません。周囲は雑木が生い茂っている山の中です。しかし、谷間の反対側と違って、この辺には竹が生えていません。日本の山の畑が荒れて木が生えているような有様です。

「もう少し上がりましょう」

彼女はそう言って、ゆるい斜面を先に立って上りました。彼女が進む一帯は、幅四メートルくらいに亙って、高さ一メートルくらいの木や草が生えています。彼女は登りながら左側の山林を指さして、「人骨の掘り出された所です」と言いますが、想像もできないような林です。

丘の上の方の平地に着きました。そこには草は生えていますが木は生えていません。所どころに土が見え、周囲とは少々違います。

「ここに医務室があったそうです」

彼女はそう言って立ち止まりました。そして、一九七二年一月の、四十四年前に日本兵の生き残った人々の慰霊団が来て、ここで沢山の遺骨を掘り出して帰った話を長々と始めました。

当時の彼女は十歳頃でしたが、日本からの慰霊団の遺骨収集のため、村人百人が協力したのですが、その中の一人に加わって、ここで遺骨を掘り出す手伝いをしたそうです。

ここは尾根の平地になっており、医務室の上に事務所があったそうです。そして、その横に、当時の日本軍が建設した、トンへからタナンに向かう道、ジャパン・ロードがあり、今も残っています。この医務室の周辺に簡単な病棟が設置されていたそうですが、それらしき雰囲気はもう残っていません。ただ、医務室のあった所から村の方へ少し下った、ジャパン・ロード脇に、木の生えていない千数百平方メートルほどの空き地があります。そこにも病棟があったそうです。

医務室があった場所の西側は、木が茂って密林のようになっていますが、彼女は、その林の中から沢山の遺体が掘り出されたと言います。多分、そこには病棟はなく、死者を埋葬した場所であったのでしょう。そのことを知っていた元日本兵がやってきて、掘り出したのに違いありません。

私たちが上がって来た右手の林の中からも、遺体が掘り出されたそうで、彼女は時々林の中に分け入り、ここからも、ここからもと指さし示してくれましたが、既に木の葉や草に覆われて、それらしい様子を窺うことはできませんでした。

伊藤桂一著「遥かなるインパール」には、次のように記されています。

〝いま、トンへには、第二野戦病院が開設されていて、約二千名の患者を抱えているが、死者病者が入りまじって、降りしきる雨の中に、収容されているのである。満足には食餌もなく、無論薬物もない。

前軍医は、部隊本部付に着任した翌日、第二野戦病院を視察している。病院は、トンへ集落から五百メートルほど離れた、竹藪やチークの密林内にあったが、チンドウィン川へ向けて、ゆるい傾斜になっているその傾斜面に、患者たちは寝かされている。高いほうを枕にして、各隊ごとに寝かされているのだが、前軍医が様子を見て廻ると、比較的元気な者はともかく、息も絶え絶えの者も多い。むろん、死者もまじっていて、死臭が雨の中に漂っている。

中略

毎日、何十人かが、力尽きて、死んでゆくのである。

「せめて、死者の埋葬はできぬのですか。いくらなんでもあわれです」

前軍医は、視察のあと、病院側の軍医にそういった。

病院側の軍医は答えた。

「おっしゃる通りです。ただ、死体を葬る穴掘りのための兵力がないのです。薬物も衛生材料も、もう使い果たしてしまいましたし、患者たちに、粥を支給してやるのがやっと、という状態です」

中略

タナンからトンへまでの道筋を、誰もが白骨街道と呼んだ。それほど多くの行き倒れの将兵たちの姿を、前軍医もしっかりと見てきている。道脇の竹藪の中から、禿鷹が飛び立ったりしたのは、屍肉を啄んでいたのであろう。生き地獄だーと、思わざるを得なかった。その白骨街道のターミナルというべきが、このトンへの野戦病院ということになる。眼の前に、チンドウィンの流れがある、というのに。

中略

前軍医は、トンへを撤退する前日、また野戦病院をのぞきに行った。病死者の始末のことが気になったからである。すると、幸い（というにはあまりにも悲しいが）死者はすべて、埋葬されていた。患者も、担送患者の一部は、大発（大型発動機艇）で後送されている〟。

私は、今、その野戦病院跡に立っているのです。死体が累々と横たわっていたと言われる白骨街道も通りました。その白骨街道のターミナルとも言われた野戦病院の医務室があった場所に立って、周囲を見渡しても、彼女の説明がない限り、単なる林、雑木林や草地でしかありません。伊藤さんの著書には二千人もの傷病兵が居たと記されていますが、そんな様子は何処にも窺えません。

自然界における七十二年の時の流れは、人間の行為の跡を消し去って、忘れてしまいなさいと言っているようです。しかし、残念なことに、人間には記憶と想像する能力を身につけています。そして、それを伝承する知恵を培って、自然現象を超越する能力もあるのです。

戦争、愚かな人間の欲望が引き起こす災害ですが、かならずしも愚かとは言えない一面もあるのです。社会の改革、改善に役立ち、能力の開発や文明利器の開発にも通じ、社会を発展さす原動力にもなり得るのです。

インパール作戦、膨大な犠牲を払ったこの戦いは、無謀、軽率、無益、無意味等と表現され、後日の日本人は後悔と罪悪感に打ちのめされていますが、長い人類史に於いては、それほど罪深い、無益な戦でもなかったともいえます。

日本軍が、アジア東端の遠くから遥遥やって来て、ビルマだけでなく、大英帝国の一部であるインド東部までも攻略したことは、欧米中心主義、白人中心主義などの人種差別や植民地主義を打破するきっかけとなり、アジア、アフリカ、南米などの人々に、自主独立の気運を高めさせたことは、人類史にとっては、画期的なことであったとも言えるのです。何と言っても地球上の大半を植民地化して支配していた、大英帝国の崩壊を促したことは、周知の事実です。

ただ、当時の日本の若者には、大変な苦労と犠牲を強いり、辛苦を嘗めさせたことも事実であり、日本人のみならず、多くの国の人々に多大な犠牲を払わせたことも事実です。そのことを後世の日本人がどう評価するかは自由ですが、決して忘れてはいけない人類史における出来事であったのです。

こんなに遠くの異国の地で、飢えや渇き、病に倒れて死にゆく者の身になれば、泣くに泣けない思いに駆られます。その彼らがなした行為を、今日的価値観で評価するのはむなしいことです。戦争の善悪を考えて反省することは重要なことですが、それと同時に、祖国を思い、世のため、人のためと思いながら犠牲になった兵士たちの存在を、しっかり見つめてやるのも大事なことなのです。

私は、世界の多くの国、人々、宗教を見て回り、日本人が大東亜戦争と呼んだ戦いの各戦場で、日本とは異なる自然のあり様を痛感させられました。特にモンゴル高原の大平原におけるノモンハン事件、熱帯のニューギニア戦線、そして山岳と雨季に阻まれたインパール作戦における現地をも踏査しました。いずれも悲惨な戦場でしたが、結果的には自然の厳しさに負けたとも言えます。

自然に順応しながら生きる人間が引き起こす戦争は、必ず相手があり、その善悪は立場によって変わりますので、良い戦争などありません。自然に対峙して生きる人間は、おたがいに殺し合う戦争はすべきではないのですが、既に戦った日本人兵士がいたのです。私にとっては、特にインパール作戦で戦って、帰らざる兵士の一人一人に、今日の日本の平和と、繁栄ぶりを伝え、よく頑張ってくれました、ありがとうと感謝の気持ちを捧げて、父や祖父の世代に対する心の整理をしておきたかったのです。

「平和で豊かになった日本から来ましたよ。ご苦労をかけましたが、おかげさまで、日本は世界一の国になりました。ありがとうございました。これからも、日本が平和であるよう努力いたしますので、どうか安らかにお眠りください」。

新田さんが撮影し、新山さんが彼女にインタビューしている間に、私は、両手を合わせ、周囲に向かって黙祷しながら呟きました。

医務室のあった場所から三十メートルほど進むと、ジャパン・ロードに出ました。そこから三、四百メートル下って行くと村がありました。トンへの野戦病院は、チンドウィン川から五百メートルほど離れた、タナンへのジャパン・ロード沿いにあったのです。最初からこの道を通って行けば近かったのですが、ずいぶん遠回りをしました。しかし、遠回りしたことがよかったような気がします。

(3)チンドウィン川最後の慰霊

案内してくれましたドー・シャエーさんによりますと、四十四年前の遺骨収集団が来た時、医務室があった周辺で沢山の遺骨が掘り出されましたが、その遺骨は日本人たちが船に乗せて持ち帰ったので、ここには残っていないそうです。

後日、日本の厚生労働省援護局の担当者に尋ねてみましたが、トンへで収集された遺骨がどうなっているのかは、よく知りませんでした。当時はまだ、ビルマとの国際的取り決めがなかったので、日本へは遺骨を持ちかえることはできなかったはずです。だから、多分、モンユワか、ザガインヒル、シュエボ、または当時の首都であったラングーン（現ヤンゴン）か、どこかの墓地に集めて埋葬しているのだと思われます。

私は、まだチンドウィン川に向かっては慰霊をしていませんでした。川沿いの多くの村では、日本兵の遺体が川に流されていましたが、その一番川上の村が、ここトンへなのです。日本兵の多くは、トンへと川下のカレワとの間の村々を経て、チンドウィン川を西から東へ渡ったのですが、渡れなかった万を超す、帰らざる日本兵たちの遺骨が、川底の砂となっています。やはり、この川への慰霊をしない限り、この旅は終れないのではないだろうかと思い、新山さんたちにも話し、川沿いで慰霊をすることにしました。

トンへの船着き場から川上を見る

　正午過ぎに村に戻り、船着き場の川下の岸辺を選んで、人頭大の石を置きました。と言っても簡単ではなかったのです。トンへ村の岸辺は砂地ではなく、たいてい粘土質の土で、足を取られてなかなか近寄り難いのです。それに、岸辺にはあまり石がありません。皆で石を探してやっと見つけ、その石を水辺に置くのも苦労しました。

　皆さんの協力でやっと準備ができ、今までと同じように、海苔巻煎餅を石の上に置き、マッチを使い果たしましたのでライターで点火した線香を置いて、持参して残っていた日本酒を全て岸辺と川に注いで合掌し、〝南無阿弥陀仏〟を七回唱えました。そして、最後の慰霊でもありますので、川に向かって〝ふるさと〟を三番まで静かに歌いました。ただ、二番の〝いかにいます父母　つつがなしやともがき　雨や風につけても　思いいずるふるさと〟は、二度繰り返して歌いました。

「ありがとうございました、安らかにお眠りください。これで日本に帰ります」

私は、広いチンドウィン川の流れを見つめながら、静かに語りかけているうちに、幼い頃に見た兵士たちが思い出され、七十余年の長い歳月の流れを感じ、今ここにいる自分が、死せる兵士たちの代わりに佇んでいるような気がし、自然に涙があふれ出て、何も見えなくなりました。

(4)トンへからホマリンへ

案内してくれましたドー・シャエーさんの食堂で、鶏肉と野菜の煮物、それに野菜のスープと漬物をおかずに、香りのよい米飯で昼食を取りました。そして、午後二時十七分にトンへを出発し、五十五キロ川上の最終地、ホマリンに向かいました。

船は順調に航行します。船長は、川の流れが浅くなっている所が多いので、何としても明るいうちに着きたいと、スピードを上げていました。

トンへを出発して間もなくから川幅は三、四百メートルですが、両岸には平地や砂地がないのです。なんだか人工的に削られているようになっています。二時三十一分、左岸に小さな村がありました。二時四十七分、二時五十七分にも左岸に村がありましたが、川幅はほぼ同じです。両岸は砂岩で、西側の

鶏を満載して川上に向かう船

右岸がやや高く、壁のようになっています。まるで人工的な運河のように同じ川幅が続いています。

航行中に何度かベニヤ板を満載した貨物船が下って行きました。それに、鶏のケージを満載した貨物船をまたもや追い越しました。この数千羽の鶏を積んだ船は、最初にモーライクの少し川上で追い越し、速度がこの船より遅いので、これで三度目の追い越し。多分、ホマリンに鶏を運んでいるのでしょうが、ケージが多いので珍しい光景です。

三時十四分、これまで長い間一定の川幅であったのですが、左岸の林の中に村があり、半島のように張り出した所の岩の上に白いパコダがある、鼻先のような所を通り過ぎますと、川幅が急に七、八百メートルになり、両側に砂地が広がりました。

三時二十五分、山から遠く離れていますが、

半島のようにせり出した所

左岸の東側に、五、六メートルも高い堆積土の絶壁があり、川の流れがそれにぶつかるようになって、川幅が一キロメートルにも広がりました。舳先に立つ船員が、竹の棒を忙しげに突き刺しては水深を確かめています。

三時四十三分、川中に大きな三角州がありトます。三時四十九分には川幅が七、八百メートルになり、三時五十三分には砂地が広がり、川幅は再び広くなりました。

四時には川幅が五百メートルくらいになり、水の流れが急です。そして、左岸の遠くには村が見えます。四時五分、川幅が再び広くなり、砂地が広がり、まるで砂漠の中を流れる川のようです。

四時十六分、右岸も山がはるか遠くになり、川幅は七百メートルくらいで、流れが広がっています。船長は水深のある流れを探すのに緊張した表情で、水の流れる川面の様子、波

夕陽に映えるホマリン

たちで水深を察知し、素早く舳先を変えます。

四時二十一分には、左岸のやや高くなった所に村があり、右岸の川辺には沢山の船が停泊しています。そして、川中に大木や大きな木の根などが立ち、人が立っているように見えます。これらは川上から流れ来てここにとどまっている障害物で、航行の邪魔になるので、船長は大変です。

四時三十五分、川幅は広く、流れが激しく蛇行して、航行の困難な所に差し掛かりました。船長が言っていた難所とは、ここのことかもしれません。

四時四十分、遥か遠くにホマリンが見えてきました。しかし流れは蛇行が激しく、船長や舳先の船員を悩ましています。

「ホマリンまで約四キロ」

四時四十八分に、船長が知らせてくれま

した。遠くに見えていた白い建物が夕陽に映えて、だんだん近づいてきます。蛇行の激しい地域を抜けますと、川幅が五百メートルほどになり、流れが安定し、川面が穏やかになりました。船長は遅れを取り戻すかのように、フルスピードで船を進めます。

林の中に見えるホマリンの建物が、見る見るうちに近づき、夕陽に映えるホマリンの町の岸辺に、五時丁度に着きました。

六日間の船旅は無事に目的地に着きましたので、私たちは船長にお礼を述べ、日本からの手土産を渡して、別れを告げました。

(5)ホマリンの夕陽

ミャンマー西北部では最も大きなホマリンは、人口約十五万人で、ビルマ王国時代からの古い町です。チンドウィン川の岸辺には、大小の船が沢山接岸しています。川面から十メートルも高い川岸の斜面を上がると、川沿いの通りには商店が並び、多彩な品物が所狭しと山のように置かれ、人出も多い。古くから物資流通の拠点として栄えていたそうですが、今も活気があります。

川には船が多いのですが、陸上ではオートバイや〝トト〟と呼ばれる三輪タクシーや荷物運搬車が多い。ここのトトは、色彩的に装飾されていますので、なんだかインド的な乗り物です。川向うの一山越せば、もうインドのマニプール州なのです

夕方のせいか、岸辺の高い所に乾季だけ作られる、臨時の食堂街があり、沢山の人が食事をしていま

す。チンドウィン川から西のインドとの国境である山岳地帯から出てきているナガ族、シャン族、マニプールからの人など、衣類の違う人々もいます。

船から上がった地点からチンドウィン川沿いの商店街を、上流の方へ二百メートルほど進んだ右手に、二〇一三年に建てられた、三階建の立派なゲストハウス〝YATI〟がありました。

モンさんが受付けの係員と話し、パスポートを渡してチェックインしますと、二階の一〇二号室に案内されました。ツインベッドの部屋で、天井が高く、クーラーやテレビ、冷蔵庫などが付いているし、衛生的で感じがよいのです。トイレもホットシャワーもあるし、モンユワ以来の近代的な部屋で、心地よく眠られそうです。

まずはポットに入ったお湯をもらい、持参のゆず茶を入れました。この六日間、船旅ではありましたが毎日の移動と、風俗習慣や食べ物や水の違いもあって、下痢や軟便になったこともあり、いささか疲れ気味でしたが、椅子に座ってゆったりと熱いゆず茶を飲み、ホッと一息つきますと、徐々に気力が湧いてきました。

今回のミャンマー西北部における、帰らざる旧日本兵慰霊の旅における最北端の町ホマリンは、インパール作戦に参加した日本兵の多くが、チンドウィン川を東から西へ渡った地域であります。

土門周平著「インパール作戦（ＰＨＰ研究所）」には次のように記されています。

〝第三十一師団ハ一部ヲ以テ「タマンテイ」付近、主力ヲ以テ「ホマリン」付近ニ於テ又第十五師団ハ其ノ主力ヲ以テ「パウンピン」付近ニ於テ夫々「チンドウィン」河ヲ奇襲渡河ス〟。とあります。

この近辺ではホマリンが最も対岸に近い場所で、インパール作戦におけるコヒマ攻略に参加した多くの日本兵が、東から西へ渡河した町なのです。しかし、ナガランド州都のコヒマ攻略やインパール北部のウクル近辺で戦った多くの兵士が、矢弾も食糧もつき、雨季に入って悲惨な状態で敗退して通った一番北の場所が、ここから五十五キロ南のタナンからトンへに出るコースであったのです。だから敗退時には、この町を通ってはいなかったのです。

私はこの一月にもホマリンを訪れていました。対岸のケッター村は、僅か二百メートルほどしか離れていませんが、カンティー・シャンと呼ばれるシャン族が住んでいて、今でも自由に往来できないのです。そのため対岸には渡れませんでした。

マンダレー近辺を中心としたビルマ族は、早い時代からチンドウィン川沿いに進出し、北はここホマリンの辺まで進出していたのです。ホマリンはもともとシャン族の町であったそうですが、今ではビルマ族が多くなっています。しかし、目の前にあるケッター村は、今もまだシャン族が多くてビルマ族の力が及ばず、治外法権的になっているそうで、治安が悪く、外国人の立ち入りを禁じているようです。

一月訪問の時、川沿いを歩いて気になったことは、岸辺にごみ捨て場所が何か所もあり、ビニールやハッポースチロール等雑多なごみが山のようになっていたことです。これらのごみは、雨季になるとすべて川下へ流されてきれいになります。

今回のチンドウィン川を遡る船旅の途中、到る所でビニールやハッポースチロールのごみを見かけましたが、全て川上から流れてきたものでした。水の流れは川上からあらゆるものを運びます。もちろん、日本兵の遺骨も遥か遠くまで運んでくれたのでしょう。川は地球の排水路であり、人間にとっては命を育んでくれる作物の根源なのです。

ホマリンの夕日

午後五時半、二階のロビーに出てお茶を飲みながら、西のインドの山々に沈みゆく夕日を眺めていますと、下の道で、若者五、六人が竹製の球を蹴る、ビルマ族の得意とする〝セパタクロ〟を賑やかにやっていました。

暮れなずむ夕空に、時の流れを感じて目を川面にやると、真っ赤な太陽とヤシの葉影に続く赤い帯が対岸から伸びて、まるで南洋の海岸のようです。チンドウィン川の静かな川面に映える夕陽は実に美しい。内陸の奥深くに居ることも忘れ、南国ミヤンマーを一幅の絵にしたような光景は、旅の疲れをいやしてくれるには十分に平和で和やかな夕暮れです。

8 メイッティーラの慰霊所を訪れて

(1)世界平和祈念ナガヨン・パコダ

ミヤンマーは日本の一・八倍もの国土面積で、インド、バングラデシュ、中国、ラオス、タイ等と国境を接し、いずれも厳しい山脈によって隔てられています。その国土の中央部には南北に延びる平野があり、エーヤワディー川とチンドウィン川が流れているのです。ミヤンマー西北部を南北に流れるチンドウィン川は、中央部にある古都マンダレーの南で、エーヤワディー川に合流しています。ミヤンマーを南北に縦断している大河エーヤワディー川は、はるか南のヤンゴン近くでインド洋に流れ出ているのです。

一九四二（昭和十七）年一月に、旧日本軍がインドシナ半島からタイ国を経て、イギリスの植民地国であったビルマ（現ミヤンマー）南部に侵入し、イギリス軍と日本軍の戦いが始まったのです。そして、全ビルマを制覇した日本軍は、一九四四年三月に、ビルマ西北部の山岳地帯を越えて、インド東北部、マニプール州都インパール攻略を目的とした、インパール作戦を開始しました。しかし、インパール作戦に失敗して、大変な犠牲を払った日本軍は、僅か四カ月後の一九四四年七月から徐々に撤退を始め、中央部のマンダレー近辺に集結しました。

日本軍は、イギリス軍の進撃をマンダレー南部のエーヤワディー川沿いで防御しようとし、川の南東側に防衛線を張ったのです。しかし、敗走してきた日本軍は兵力が落ち、機動力がなかったので防ぎきれず、多くの犠牲者を出し、大変悲惨な状態でした。この戦いを〝エーヤワディー（イラワジ）会戦〟

と呼び、インパール作戦同様に大変な犠牲を払ったのです。

機動力に勝るイギリス軍は、一九四五年二月十二日にはエーヤワディー川を西から東へ渡りました。そして、戦車旅団を先頭とするイギリス軍は、さらに南下し、二月十七日にメイッティーラを占領しました。しかし、日本軍は再度兵力を立て直して、決死の覚悟での逆襲に成功したのです。日本軍は一時的にメイッティーラを奪回しましたが、激戦の末、三月二十八日には支えきれず一斉に撤退し、多大な犠牲者を出したとされています。

私は、いろいろな人が書いているビルマ戦線における戦跡探訪と慰霊を思いたって、本年一月にミャンマーのマンダレーを再度訪ねました。そして、通訳兼ガイドのモンさんと共に、エーヤワディー会戦の最終戦で、多くの日本兵が犠牲になったと言われている、メイッティーラに行くことにしました。

一月二十日午前八時半に、チャーターしたトヨタの車マークⅡで、約百六十六キロ南のメイッティーラへ出発しました。道は、マンダレーから六百キロ南のヤンゴンまで続く高速道路で、町を出て四十五キロ南の飛行場への道と別れると、ミャンマーでは珍しい、ジェット機が離着陸できる広さで、しかも直線です。飛行場を過ぎたあたりから、運転手は時速百キロのスピードで走らせました。

周囲には山はなく、灌木とニッパヤシが生えている大平原を気持ちよく走ります。時には十キロも先が見通せる緩やかな坂もありました。休むこともなくハイスピードで走ったので、十時半には約百五十キロ南で高速道路を出ました。そして舗装された道を約十五キロ東へ進むと、平地の中に大きなメイッティーラ湖がありました。

この細長い湖は、西のパガン近くのポパ山から流れ出た水による自然湖だそうです。湖岸にある人口

メイッティーラの時計塔

約九万人のメイッティーラの町は、この湖の呼称がそのまま地名になっていて、古くからの交通の要所で、今でもマンダレーとヤンゴン（ラングーン）を結ぶ交通機関の中継地で、鉄道の駅もあります。

中心街に大きな時計塔のある、風光明媚なパガン王朝の静養地でもあった、で古風な街を通り抜けて南の方に出ますと、大きな橋がありました。その橋のたもとには、巨大な鳳凰鳥の形をした黄金の寺院ファウンドーウー・パヤーがあります。

橋を西側に渡って百メートルも行くと、北側の右に、メイッティーラでは「世界平和祈念パゴダ」の名で知られた、あまり見かけない形をしているナガヨン・パヤー（パコダ）があります。

この仏塔は、黄金一色ではなく、黄褐色や緑色もあり、大変カラフルで特徴的な建物です。しかもどこにでもある円錐形ではなく、四角ばった建物の上に多重屋根の尖塔が林立しているのです。

少し変わったパコダであったので、建物の中にあった管理事務所の職員プラ・ジー・マーウ（七十歳）さんに謂れを尋ねて驚きました。なんと、この大きなパヤー（パコダ）は、日本人が寄付して建立されたと言うのです。

今から七、八十年前には、メイッティーラ湖は今よりもう少し大きく、その湖畔に小さなナガヨン・パヤーがあったそうです。ナガヨンのナガは、大蛇（コブラ）の意味で、ヨンは僧衣をまとった状態のことです。それは、急に雨が降り出した時、コブラがブッダの後で鎌首を開いて雨をよけている状態を意味しているのだそうです。

ここでも、エーヤワディー川を渡って南進してきたイギリス軍と、防衛する日本軍との間に激戦があり、多くの日本兵が戦死しました。湖畔のナガヨン・パヤー近くの小さな洞窟に、たまたま逃げ込んだ兵士がいたのです。この辺で生き残った日本兵は彼一人だったそうです。彼は生きて日本に帰国することができました。彼の名前は〝かしま〟。

そのかしまさんが、戦後しばらくしてここにやって来て、ナガヨン・パヤー近くの洞窟で命拾いをしたので、お礼に、このパヤーを大きく再建したい、との申し込みがあり、地元の人々は喜んで賛同しました。

かしまさんの寄付で、一九八三年に着工し、一九八七年に現在の様な素晴らしい大きなナガヨン・パヤーが完成したそうです。しかし、その旨を表記したものは何もありません。唯日本人戦死者の慰霊碑

ナガヨン・パヤー

があるだけです。

これだけのパコダを建立する資金を一人で出せる日本人は、そう多くないでしょう。管理人に尋ねますと、かしまさんは、トヨタ自動車のオーナーで、豊かな家族だと言うのです。

私は、（公社）青少年交友協会の理事長を長く務めています。その協会の理事（現顧問）に、鹿島建設のオーナーである鹿島昭一さんがいます。だから、鹿島建設のオーナーではないのかと、二度も尋ねたが、彼はトヨタのオーナーである〝かしま〟だと言い張りました。

後日談になりますが、帰国後、鹿島昭一さんに確認しましたら、鹿島の親戚には、ビルマ戦線で戦った人はいないし、ましてやパゴダを建立した人など聞いたことがないとのことでした。それで、鹿島さんの秘書に頼んでトヨタ自動車について調べてもらいましたら、〝かしま〟と言う姓の役員はいなかったそうですが、〝たかしま〟と言う取締役はいたことがあるので、もしかすると彼のことではないだろうかと教えてくれました。そこで、早速、トヨタ自動車の東京本社に電話して理由を説明しますと、消費者サービス課の方に回されました。そして、詳しく説明して、たかしまと言う取締役がいつごろいたのか、彼がビルマ戦争に出兵していたかどうか調べてほしいと、二度も頼んだのですが、二十年以上も前のことは分かりませんと、けんもほろろに断られてしまい、確認することはできなかったのです。

かしまと呼ばれていた人が、日本人の誰なのかは別にしても、生き残った日本兵の並々でない気持ちがこめられて建立された、立派なパヤー、パコダです。

(2)トーンボ僧院の慰霊所

湖沿いに家が建っていますが、ナガヨン・パヤーから三、四キロ東に行った湖畔の森の中に、古くからのトーンボ僧院があります。ここには、メイッティーラ地域で戦死した多くの日本兵の遺骨が埋葬されている墓地があるとのことです。

木製の簡単な門から中に入ると、直ぐの右側に日本語の墓標があり、その奥隣にここの事務所のような、二階建て木製の建物がありました。その反対の左側には日本兵の慰霊小屋があります。秋楡やニセアカシアの高木が散在する奥の方に僧院があります。ここには若い研修僧が多いのですが、モンさんが頼んで、案内役に連れてきたのは、四十一歳のウー・ピニヤ・ソータさんでした。

彼がまず案内してくれたのは、左側にあった慰霊小屋。これは、熊本県の諏訪ハツノさんの寄贈した個人のものでした。そこの碑には次のように記されています。

〝第四十九師団歩兵第百六十八聯隊
故陸軍大尉　諏訪利市之霊
昭和二十年三月二日メークテイーラに於いて
戦死　　　熊本　諏訪ハツノ〟

ウー・ピニヤ・ソータ僧

そして、その墓標の横には、壊れて錆びついた〝九二式歩兵砲〟が置いてありました。その砲には、〝NO１０２４１　昭和17年製　名古屋陸軍造兵廠〟と明記されていました。

諏訪さんが亡くなられたのは三月二日とあるので、メイッティーラが二月十七日に一度イギリス軍に占領された後、日本軍が兵力を集中して逆襲し、激戦を展開した時です。第十八、四十九師団はメイッティーラの奮回作戦に失敗し、三月三十日の夜中に、敵軍を突破して東へ後退したと言われています。

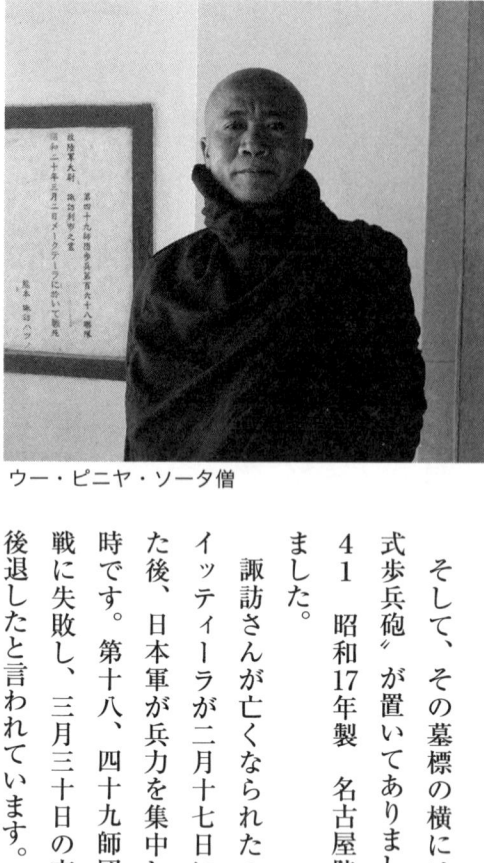

トーンボ僧院の慰霊碑前の筆者

この僧院は、日本軍駐留時代からあり、日本兵の遺骨がここに集められていると、ナガヨン・パヤーの管理人プラ・ジー・マーウさんに教えられていたので、彼にそこへ案内してくれるように頼みました。

屋根の付いた渡り廊下のような所を二百メートルほど進んだ、寺院の裏に小さな広場がありました。そこにはくるみや秋楡の木が生えています。この広場を囲っているコンクリートの壁際に、緑色に塗られたコンクリート造りの墓碑が三個並んでいました。その真ん中の大きな墓碑の前には卒塔婆が七枚立てかけられています。その碑は、一辺三メートルくらいのコンクリートで仕切られており、内側は土。僧によると、この土の下に日本兵の遺骨が埋葬されているとのことです。僧は、このことは日本政府も承知していると言っていました。

私は、日本から持参していた日本酒の小瓶を取

鎮魂碑文

り出して、卒塔婆の前の土に注ぎかけ、「ご苦労様でした」と合掌して、自分も瓶の蓋に注いで飲みました。私なりの、若き兵士たちへの感謝と弔いの儀式であったのです。

何人の遺体がここに埋葬されているのか、僧は知りませんでしたが、今から四十年ほど前の、一九七六（昭和51）年に生き残った旧日本軍の兵士や遺族たちがここにやってきて、この辺で戦死した、帰らざる兵士たちのための法要を営んだそうです。

向かって左側の慰霊碑の正面には、次のように記されていました。

〝慰　霊

戦友よ安らかに眠れ

一九七六年一月吾等遺族戦友一同ビルマ國の戦跡を訪れ

亡戦友の慰霊法要を営み謹みてこの銘を納む〟

そしてその下には二一名の名前が記されています。またこの碑の左側面の銘板には、次のように記されていました。

〝鎮　魂

諸霊は昭和二十年二月二十六日に開始されたイラワジ（筆者注、エーヤワディー）会戦の緒戦であるマライン戦から三月三日に至るメークテーラ守備最後の日まで勇敢に戦い散って行かれました

天竜部隊、木曽部隊、吉田部隊、青葉部隊、飛行場大隊、高射砲大隊、第二輸送司令部及その傘下兵站部隊戦傷病患者の諸兄よ

諸兄は怒涛の如き英印軍機動部隊に対し軽装備で死守し敵の進撃を二回に亘り支え為に玉砕必死の幾多友軍の転身を成功せしめました　その崇高な犠牲的精神は永遠に顕彰さるべきであります　茲に諸霊の眠るこの戦跡を訪れ　謹んで慰霊顕彰の銘を納めて志とします

昭和四十七年一月

元天竜部隊木曽部隊付陸軍主計少尉第十五軍経理部甲谷秀太郎〟

大変な犠牲を払った戦いであったのでしょう。戦友の死に後ろ髪をひかれながらも生き残って帰国し、祖国の敗戦に苦しみもがきながらも、負けじ魂をふるい立たせ、どん底から立ち上がって、戦後日本を

復興させた元兵士たちは、共に戦った戦友を忘れることなく、二十七年後にはこの激戦の地を訪れて、同胞の慰霊を行っていたのです。

小乗仏教で輪廻転生を信じている、ミヤンマーの仏教徒の人々には理解できないことでしょう。しかし、同じ仏教徒であっても、インドからヒマラヤを北に越して、中国大陸を横断して日本に渡来した大乗仏教徒であり、しかも自然崇拝の神道による祖霊信仰で、遺骨を大事にする日本人にとっては、戦友の遺体や遺骨を埋葬し、その霊を慰めることは重要な課題であり、精神的に納得と安心を得る大事な法要であったのです。

祖国を遠く離れてインパール作戦に参加して、虚しくチンドウィン川を東へ渡れなかった、旧日本軍将兵の遺骨を探す今回の旅は、インパール作戦の地で生き残って、ミヤンマー中央部のここまで戻った多くの将兵が、部隊組織をたて直して再度戦った、エーヤワディー（イラワジ）会戦で亡くなられた兵士たちの、遺骨が埋葬されているメイッティーラの地で終わります。

私たち日本人は、過去の戦争を懺悔するだけではなく、尊い命を捧げて下さった、兵士たちがいたことを忘れることなく、平和で明るい未来への知恵として、社会の安定、継続に努めたいものです。

【著者】

森田勇造（もりた　ゆうぞう）

昭和15年高知県生まれ。

昭和39年以来、世界（142カ国）の諸民族の生活文化を踏査し続ける。同時に野外文化教育の研究と啓発、実践に努め、青少年の健全育成活動も続ける。元国立信州高遠少年自然の家所長。元国立大学法人東京学芸大学客員教授、現在、公益社団法人青少年交友協会理事長、野外文化研究所所長、野外文化教育学会顧問、博士（学術）、民族研究家、旅行作家、民族写真家。


〈主要著書〉

『これが世界の人間だ―何でもやってやろう―』（青春出版社）昭和43年、『未来の国オーストラリア』（講談社）昭和45年、『日本人の源流を求めて』（講談社）昭和48年、『遥かなるキリマンジャロ』（栄光出版社）昭和52年、『世界再発見の旅』（旺文社）昭和52年、『わが友、騎馬民』（学研）昭和53年、『日本人の源流』（冬樹社）昭和55年、『シルクロードに生きる』（学研）昭和57年、『「倭人」の源流を求めて』（講談社）昭和57年、『秘境ナガ高地探検記』（東京新聞社）昭和59年、『チンギス・ハンの末裔たち』（講談社）昭和61年、『アジア大踏査行』（日本文芸社）昭和62年、『天葬への旅』（原書房）平成3年、『ユーラシア二一世紀の旅』（角川書店）平成6年、『アジア稲作文化紀行』（雄山閣）平成13年、『地球を歩きながら考えた』（原書房）平成16年、『野外文化教育としての体験活動―野外文化人のすすめ―』（三和書籍）平成22年、『写真で見るアジアの少数民族』Ⅰ～Ⅴ（三和書籍）平成23年～24年、『逞しく生きよう』（原書房）平成25年、『ガンコ親父の教育論―折れない子どもの育て方―』（三和書籍）平成26年、『ビルマ・インパール前線　帰らざる者への追憶―ベトナムからミャンマー西北部への紀行―』（三和書籍）平成27年、『日本人が気づかない心のDNA－母系的社会の道徳心－』（三和書籍）平成29年、『私がなぜ旅行作家になったか』（幻冬舎）平成30年。

チンドウィン川紀行
インパール作戦の残像

2018年　12月　7日　　第1版第1刷発行

著者　森田勇造
©2018 Morita Yuuzou
発行者　高橋考
発行所　三和書籍
〒112-0013　東京都文京区音羽2-2-2
TEL 03-5395-4630　FAX 03-5395-4632
sanwa@sanwa-co.com
http://www.sanwa-co.com

印刷所／中央精版印刷株式会社

乱丁、落丁本はお取り替えいたします。価格はカバーに表示してあります。

本書の電子版は、アマゾン、グーグル、Book Pub（ブックパブ）にてお買い求めいただけます。

ISBN978-4-86251-323-6　C0026

三和書籍の好評図書

Sanwa co.,Ltd.

ビルマ・インパール前線 帰らざる者への追憶
—ベトナムからミャンマー西北部への紀行—

森田勇造 著
四六判／並製／ 224頁　本体1,700円+税

●本書は、著者が戦後 70 周年を迎えるにあたり、かつて日本軍が進駐した地域の一部であるインドシナ半島のベトナムからラオス・タイ・ミャンマー、そして世に名高いインパール作戦の地であるミャンマー西北のカボウ谷のタムまで、約二千キロにおよぶ過酷な戦争行為の跡をたどった旅の記録である。

写真で見るアジアの少数民族全5巻セット

森田勇造 著
B5判／並製　本体17,500円+税

●近年、注目を集めるアジアだが、一歩踏み込めば各地に偏在する少数民族の暮らしを垣間見ることができる。さまざまな民族の生活文化を、著者自ら単独取材し撮影した貴重な写真と文章で浮き彫りにする。
好評既刊写真でみるアジアの少数民族シリーズ全五巻セット（箱入り）

野外文化教育としての体験活動 野外文化人のすすめ

森田勇造 著
A5判／上製／ 261頁　本体2,000円+税

●本書は、少年期の体験的教育としての体験活動について、新しい教育観による野外文化教育学的な見地から解説したものである。生きる力や感じる心を培う体験活動について体系的にまとめている。

日本人が気づかない心のDNA 母系的社会の道徳心

森田勇造 著
四六判／並製／ 198頁　本体1,600円+税

●明治維新後のめざましい近代化、世界が驚いた戦後の復興そして経済成長は、どうして可能だったのか？
その根底には日本人が潜在的にもつ道徳心がある。
日本人に脈々と受け継がれてきた素晴らしい心の遺伝子・道徳心を再認識、再評価する。

ガンコ親父の教育論 折れない子どもの育て方

森田勇造 著
四六判／並製／ 256頁　本体1,800円+税

●今日の日本の若者は元気がない、責任感がない、意欲がない、忍耐力がない、協力・協調の社会性が弱いなどといわれている。しかし、それは子どもの社会的・人間的成長過程において、親・大人が役目を十分に果たしていないせい、そして、戦後の教育のあり方に問題があるからである。少年期の子どもをもつ親や教育者のために、野外文化教育学的見地から、たくましく生きることのできる青少年の育成論をまとめた。